Thomas Schneider

Die europäische Sicherheitspolitik

Thomas Schneider

Die europäische Sicherheitspolitik

Vergleich und Interaktion von WEU, NATO, OSZE und ESVP

Tectum Verlag

Über den Autor:
Magister für Politikwissenschaft, Zeitgeschichte und Wirtschafts- und Sozialgeschichte an der Martin-Luther-Universität Halle-Wittenberg, Master of European Studies an der Universität Wien, Doktor der Philosophie und ehemaliger Stipendiat der Friedrich-Ebert-Stiftung

Thomas Schneider

Die europäische Sicherheitspolitik.
Vergleich und Interaktion von WEU, NATO, OSZE und ESVP

ISBN: 978-3-8288-2281-8

Umschlagabbildung: istockphoto.com © the huhu (bearbeitet)

Besuchen Sie uns im Internet
www.tectum-verlag.de

Bibliografische Informationen der Deutschen Nationalbibliothek
Die Deutsche Nationalbibliothek verzeichnet diese Publikation in der Deutschen Nationalbibliografie; detaillierte bibliografische Angaben sind im Internet über http://dnb.ddb.de abrufbar.

INHALT

Abkürzungsverzeichnis

BDIMR	Büro für Demokratische Institutionen und Menschenrechte
CHD	Conference on the Human Dimension
CJTF	Combined Joint Task Forces
EAPR	Euro-Atlantischer Partnerschaftsrat
EPZ	Europäischen Politischen Zusammenarbeit
ESVP	Europäische Sicherheits- und Verteidigungspolitik
ESVI	Europäischen Sicherheits- und Verteidigungsidentität
EUV	Europäischer Unionsvertrag
EVG	Europäische Verteidigungsgemeinschaft
FSK	Forum für Sicherheitskooperation
GASP	Gemeinsame Außen- und Sicherheitspolitik
GUS	Gemeinschaft Unabhängiger Staaten
HKNM	Hohe Kommissar für Nationale Minderheiten
INF	Intermediate Range Nuclear Forces
KFOR	Kosovo Force
KSZE	Konferenz für Sicherheit und Zusammenarbeit in Europa
KVZ	Konfliktverhütungszentrum
MAP	Membership Action Plan
MBFR	Mutual Balance Force Reduction
NAKR	Nordatlantischer Kooperationsrat
NATO	North Atlantic Treaty Organisation
NRF	NATO Responce Force
OSZE	Organisation für Sicherheit und Zusammenarbeit in Europa
OECD	Organisation for Economic Co-operation and Development
PfP	Partnerschaft für den Frieden
RFOM	Representative on Freedom of the Media
RRF	Rapid Reaction Force

SACEUR	Supreme Allied Commander Europe
SALT	Strategic Arms Limitation Talks
SDI	Strategic Defense Initiative
SFOR	Stabilisation Force
SHAPE	Supreme Headquarters Allied Powers Europe
VKSE	Vertrag über die konventionellen Streitkräfte in Europa
VN	Vereinte Nationen
VVE	Vertrag über eine Verfassung für Europa
WEAG	Westeuropäischen Rüstungsgruppe
WEAO	Westeuropäische Rüstungsorganisation
WEU	Westeuropäische Union

Abbildungsverzeichnis

Einleitung

An der Wende zum dritten Jahrtausend durchläuft das internationale System eine neue revolutionäre Phase. Der im internationalen System von 1947 bis 1990 ausgetragene Ost-West-Konflikt, der in der Form des Kalten Krieges und der Entspannungspolitik auftrat, existierte nicht länger. Damit erlosch die zentripetale Kraft dieses Konfliktes. Der Zusammenbruch des „real existierenden Sozialismus" führte dazu, dass der Kommunismus sowohl als Theorie als auch als Praxis zur Organisation von Großgesellschaften keine Alternative mehr zum liberal-pluralistischen Demokratiemodell darstellte. Dies wurde besonders mit der Auflösung des Warschauer Paktes und des Rates für Gegenseitige Wirtschaftshilfe im Jahre 1991 deutlich. Die deutsche Wiedervereinigung bestimmte deshalb die Struktur der neuen europäischen Politik. Das Ende des antagonistischen Systemkonflikts stellte somit einen einzigartigen Wendepunkt in der Weltgeschichte dar. Das internationale System unterlag von nun an einem turbulenten Wandlungsprozess, indem innerhalb nur weniger Jahre die Quantität und Qualität ihrer Akteure, die Muster ihrer Beziehungen und die Regeln ihres Verhaltens an die neuen Gegebenheiten angepasst werden mussten. Diese Veränderungen waren wesentlich tiefgreifender als die zur Zeit des Ost-West-Konflikts.[1] Mit dem Ende des Ost-West-Konflikts waren Verhältnisse entstanden, die in ihrer Komplexität, Unsicherheit, sowie dem außerordentlich schnellem Wandel alles übertrafen. Das internationale System trug an der Jahrtausendschwelle den Charakter einer „Weltübergangsgesellschaft", in der widersprüchliche Entwicklungstendenzen prägend waren und in der sich klare Konturen erst mittelfristig herausbilden werden.[2]

Dazu kam ab dem 11. September 2001 die neue Bedrohung durch den internationalen Terrorismus. Die Terroranschläge in New York, Washington, Madrid und London machten den Europäern klar, dass sie die neuen sicherheitspolitischen Herausforderungen nur noch gemeinsam lösen können.[3] Gerade in diesen unsicheren Situationen spielten und spielen internationale Sicherheitsorganisationen und internationale Sicherheitsregime eine wichtige Rolle.

---

1 Vgl. Woyke, Wichard (Hrsg.), Handwörterbuch, Internationale Politik, Bonn 2000, S. IX.

2 Vgl. Ebd., S.X.

3 Vgl. Petersohn, Ulrich, Lang, Sibylle, Die Zukunft der ESVP nach den gescheiterten Referenden, SWP-Aktuell 34, Berlin, August 2005, S. 3.

In dieser Arbeit sollen daher folgende spezielle Fragen beantwortet werden: Was denken die Neorealisten und Neofunktionalisten? Welche Geschichte haben die WEU, NATO, OSZE und die ESVP? Wie sieht die Organisationsstruktur der WEU, NATO, OSZE und der ESVP aus? Wie sehen die Wirkungsmöglichkeiten der WEU, NATO, OSZE und der ESVP aus? Wie gestaltet sich die Zusammenarbeit zwischen den vier Organisationen? Behalten die Neorealisten oder die Neofunktionalisten Recht?

Das Ziel der Arbeit wird zuerst die Darstellung der Geschichte, Organisation und der Wirkungsmöglichkeiten der WEU, NATO, OSZE und der zukünftigen ESVP sein. Da diese Sicherheitsorganisationen meist einzeln in Büchern behandelt werden, soll durch die gemeinsame Vorstellung eine bessere Vergleichsmöglichkeit und ein Überblick über die sicherheitspolitische Landschaft in Europa ermöglicht werden. Letztendlich soll eine realistische Einschätzung ihres Erfolges und ihrer Kooperationsstrukturen vorgenommen werden.

Es existiert zahlreiche Literatur über die Geschichte, Struktur und das Wirken der WEU, NATO, OSZE und der zukünftigen ESVP. Gerade in den neueren Zeitschriften wird die Kooperation zwischen den europäischen Sicherheitsorganisationen genau beschrieben und eine Einschätzung ihrer bisherigen Erfolge vorgenommen. Die Quellen werden alle im Hinblick auf die eingangs gestellten Fragestellungen empirisch-analytisch ausgewertet.

1 Die Paradigmen der Theorie der Neorealisten und Neofunktionalisten in den internationalen Beziehungen

1.1 Internationale Organisationen aus der Sicht der Neorealisten

Angesichts der erheblichen Kritik an den realistischen Grundannahmen sind seit dem Ende der siebziger Jahre, neben dem Fortbestand des klassischen Realismus eine Reihe von Neubegründungen zu verzeichnen, die gemeinhin unter dem Etikett des *neorealistischen Paradigmas* geführt werden[4]. Der Neorealismus geht nicht mehr davon aus, dass es die Natur des Menschen ist, die Staaten dazu anzuhalten, im internationalen System nach Machterwerb zu streben.[5] Gemeinsam ist diesen insgesamt recht heterogenen Ansatz nur der Rekurs auf eine anarchistische Struktur des internationalen Systems. Das daraus resultierende Sicherheitsdilemma zwingt die Staaten, unabhängig von ihren gesellschaftlichen und politischen Systemen, eine vorrangig an Sicherheit ausgerichtete, das heißt auf eine auf Autonomie- und Einflussmehrung orientierte Politik, zu betreiben. Im Unterschied zu den hierarchischen strukturierten nationalen politischen Systemen garantiert im internationalen System kein Gewaltmonopolist das Überleben der Staaten. Die Staaten müssen vielmehr selbst für ihr Überleben sorgen, wenn sie nicht vom Untergang bedroht sein wollen.[6] Von besonderem Interesse ist die stärkere Berücksichtigung von institutionell-strukturellen Elementen des internationalen Systems. Gegenüber dem klassischen Realismus besteht, wenngleich in unterschiedlichem Umfang, der Versuch einer Präzisierung der Prämissen und der Öffnung gegenüber ökonomischen Fragestellungen. Deshalb sind für den Neorealismus die Ansätze zur Neuerung einer expliziten Einbeziehung neoklassischer ökonomischer Theorieansätze kennzeichnend. Eine relativ theoriekonservative Variante des Neorealismus ist der einflussreiche sogenannte strukturelle Ansatz von Waltz, der eine präzisierte Fortführung des klassischen Realismus darstellt. Die wesentliche Innovation dieser Theorie liegt in der konsequenten Begrün-

---

4 Vgl. Heinze, Frank, Die Vereinten Nationen im Politikfeld. Internationale Sicherheit: Wirkungsmöglichkeiten, Grenzen, Reorganisationsprämissen, F.a.M. 1993, S. 34.

5 Vgl. Rittberger, Volker, Zangl, Bernhard, Internationale Organisationen-Politik und Geschichte, Opladen 2003,S.3.

6 Vgl. Rittberger / Zangl, S. 36.

dung des Akteursverhaltens aus den angenommenen Strukturmerkmalen des internationalen Systems. Als Strukturmerkmale fasst Waltz das anarchistische Ordnungsprinzip und die Verteilung von Machtressourcen, die als Restriktionen von staatlichen Wahlhandlungen begriffen werden[7].

Da die anarchistische Systemstruktur als Konstante in Erscheinung tritt, variiert nach dieser Auffassung das Verhalten der egoistisch-rational agierenden Akteure des internationalen Systems allein aufgrund von Veränderungen der Machtstruktur. Damit macht die Theorie zwar strukturelle, jedoch keine institutionellen Bedingungen zu ihrem Ausgangspunkt. Bedingt durch die zentrale Stellung, die die Machtverteilung in dieser Theorie einnimmt, werden internationale Organisationen kaum Wirkungsmöglichkeiten zugestanden.[8] Unter egoistisch-rational kalkulierenden Akteuren besteht die Neigung, an den kollektiven Gewinnen, wie z.B. militärische Sicherheit, partizipieren zu wollen, ohne sich an den Kosten zu beteiligen, was letztlich dazu führt, dass das allseits gewünschte Ergebnis nicht oder nur unzureichend zustande kommt. Der *Theorie hegemonialer Stabilität* nach sind es die Machtpotentiale des Hegemons, die durch Zwang oder Anreize, wie z.B. Ausgleichszahlungen, zur Überwindung des kollektiven Dilemmas führen. Die Entstehung inter-nationaler Institutionen bedarf also der Vorab-Kostenübernahme durch einen handlungsfähigen Hegemon. Diese Theorie verbindet die Bedeutung von internationalen Organisationen also eng mit dem Aufstieg und dem Niedergang der sie tragenden Hegemonialmächte. Der Aufstieg und Verfall von Hegemonialmächten gilt im Neorealismus als Gesetzmäßigkeit der internationalen Politik, da auf Dauer die Bereitschaft der Hegemonialmacht überproportional die Kooperationskosten zu tragen, jede noch so überlegene Macht schwächt und deren Hegemonialmachtstellung zum Einsturz bringt.[9]

---

7 Vgl. Heinze, Frank, S.34.

8 Vgl. Rittberger / Zangl, S. 37.

9 Vgl. ebd., S. 37f.

1.2 Internationale Organisationen aus der Sicht der Neofunktionalisten

Der auf Mitranys Arbeiten aufbauende Neofunktionalismus gewann seine Einsichten in der Gründungsphase der Europäischen Gemeinschaft. Haas betonte stattdessen die Bedeutung ökonomischer Interessengruppen als Ferment institutioneller Internationalisierung. Damit wird gleichzeitig aber auch die bereits bei Mitrany erkennbare Umstellung von idealistischen Vernunftprämissen auf Nutzenskalküle konsequent weitergeführt. Das Modell geht davon aus, dass die Übertragung von Kompetenzen auf internationale Organisationen, zunächst in einem nur wenig politisierten Feld wie der Ökonomie stattfindet. Dies führt dazu, dass diese nunmehr autonome Ebene auch die Ansprüche und Loyalitäten der Interessengruppen auf sich zieht und so die Bedeutung der nationalstaatlichen Struktur in diesem Bereich zurückdrängt.

Die supranationale Regulation der Ökonomie bewirkt nun in einem „spillover"-Effekt die überstaatliche Integration weiterer Politikfelder, bis der Prozess auch die aus national-staatlicher Sicht hochpolitisierten Fragen der Sicherheit einschließt.[10] Internationale Organisationen treten damit aus neofunktionalistischer Sicht infolge der Wirkungen der ökonomischen Interessenstruktur in Erscheinung, erlangen dann aber einen Autonomiestatus, der eigenständige Wirkungsmöglichkeiten zulässt. Dieses Konzept sieht die Möglichkeiten internationaler Organisationen so nicht nur auf das Lösen passiv zugeschriebener Aufgaben beschränkt, sondern ebenso in der Veränderung institutioneller Arrangements. Diese Theorie geht weit über die enge Welt nationalstaatlicher Interessen hinaus und weist so die Bedeutung überstaatlicher Elemente des internationalen Systems hervor. Internationale Organisationen erscheinen im Licht eines globalen Problemlösungsbedarfs bzw. einer alternativen, daher ökonomischen Interessenstruktur nicht mehr nur als marginale abgeleitete Größen, die eng an nationale Interessen gebunden sind, sondern als weitgehend unabhängige Wirkungsfaktoren. Gleichzeitig gilt es aber zu beachten, dass diese Wirkungsmaßnahmen internationaler Organisationen langfristig eher die Schwächung bzw. Ersetzung nationalstaatlicher Strukturen unterstellen, als eine Reglementierung der Staaten selbst.

Insgesamt gesehen kann man an der neofunktionalistischen Sicht die Vernachlässigung der Konflikthaftigkeit des internationalen Systems kritisieren. So ist der integrationstheoretischen Tradition vorzuwerfen

10 Vgl. Heinze, Frank,. S. 41.

systematisch das Interesse nationalstaatlicher Akteure an ihrer Selbsterhaltung sowie die Zählebigkeit bestehender institutioneller Arrangements zu unterschätzen, die der Auflösung in übergeordneten Strukturen entgegenstehen[11].

---

11 Vgl. ebd., S. 41f.

2 Die theoretischen Grundlagen der internationalen Sicherheitspolitik

2.1 Konventionen, Regime und Internationale Organisationen

Die drei wichtigsten Formen von institutioneller Festlegung sind Konventionen, Regime und internationale Organisationen. *Konventionen* sind Übereinkünfte die im Völkergewohnheitsrecht häufig auftreten. Sie sind von formalisierten Konventionen im Sinne von multilateralen Verträgen zu unterscheiden, die ihrerseits zum Gegenstand des Völkerrechts gehören.

Regime haben den Zweck, in einem bestimmten Sachbereich Normen und Prinzipien durchzusetzen. Darunter fallen zum Beispiel der Schutz von Minderheiten oder die Erleichterung von wirtschaftlicher Zusammenarbeit durch gemeinsame Zölle.[12]

„Der international-gemeinschaftlichen Regelungen von politischen, wirtschaftlichen, militärischen und kulturellen Angelegenheiten dienen Organisationen. *Internationale Organisationen* beruhen meist auf einem Vertrag völkerrechtlichen oder privatrechtlichen Charakters, in welchem die Ziele und Prinzipien der Zusammenarbeit sowie i.d.R. Bestimmungen über dauerhaft und regelmäßig arbeitende Willensbildungs- und Beschlussorgane festgelegt sind. Das durch eine Internationale Organisation erzielte Ausmaß der Integration der Mitglieder bemisst sich an der Möglichkeit einer auch vom Willen einzelner Mitglieder abweichenden Willensbildung und der Bindungswirkung ihrer Entscheidung für die Mitglieder.“[13] Internationale Organisationen unterscheiden sich somit von Konventionen und Regimen durch ihren hohen Verregelungsgehalt.[14]

---

12 Vgl. Haftendorn, Helga, Kooperation jenseits von Hegemonie und Bedrohung: Sicherheitsinstitutionen in den internationalen Beziehungen, Baden-Baden 1997, S. 14f.

13 Vgl. Holtmann, Everhard (Hrsg.), Politik-Lexikon, 2000, S. 282.

14 Vgl. Haftendorn, Helga, S. 15.

2.2 Die Begriffe der „kollektiven und kooperativen Sicherheit" und der „kollektiven Verteidigung"

Der Grundsatz der *„kollektiven Sicherheit"* beruht auf der Vorstellung, dass der Wille aller am System beteiligten Staaten, im Interesse der Sicherheit zu handeln, gleichermaßen ausgeprägt ist.[15] Das Prinzip der kollektiven Sicherheit erfordert, dass sich die nationalen Interessen der am System beteiligten Staaten vollständig mit der internationalen Ordnung identifizieren. Kollektive Sicherheit wendet sich somit anders als Bündnisse oder Militärallianzen nicht gegen einen Gegner von außen, sondern gegen die Gewaltanwendung zwischen den Mitgliedern. Wenn ein Staat das durch die Satzung der Vereinten Nationen beschlossene Gewaltverbot verletzt, sollen sich alle übrigen Staaten zu einer gemeinsamen Aktion gegen den Angreifer zusammenschließen. Jeder Staat ist in einem System der kollektiven Sicherheit berechtigt und verpflichtet seine Machtmittel gegen den Rechtsbrecher einzusetzen.[16] Aber das Konzept der kollektiven Sicherheit hat sich trotz theoretischen Fortschritts in der Praxis als unzureichend erwiesen.

Ernst-Otto Czempiel brachte das Grundproblem des Konzeptes der kollektiven Sicherheit deutlich auf den Punkt, indem er sagte: „Entweder wird es nicht gebraucht oder es funktioniert nicht".[17] Der Wert des Prinzips der kollektiven Sicherheit liegt demnach nicht so sehr in seiner praktischen Umsetzbarkeit, sondern in seiner langfristigen Ausstrahlungskraft. Die Vereinten Nationen als Trägerin kollektiver Sicherheit haben mit der Übertragung kollektiver Selbstverteidigungsfunktionen auf Regionalbündnisse versucht, die Konstruktionsmängel des Konzeptes abzuändern.[18]

Der Begriff der *„kooperativen Sicherheitspolitik"* ist noch relativ neueren Datums und lässt sich am Besten in einer Definition, die im Rahmen einer Studie der Brookings-Institution 1992 aufgestellt wurde, definieren: „The central purpose of cooperative security arrangements is to prevent war and to do so primarily by preventing the means for successful aggression from being assembled, thus also obviating the need for states so threatened to make their own counterpreparations. Cooperative security thus displaces the centerpiece of security plan-

---

15 Vgl. Varwick, Johannes, Woyke, Wichard, Die Zukunft der NATO: Transatlantische Sicherheit im Wandel, Opladen 2000, S. 18.

16 Vgl. Woyke, Wichard, S. 289.

17 Vgl. ebd. S.18.

18 Vgl. Varwick / Woyke, S. 19.

ning from preparing to counter threats to preventing such threats from arising- from deterring aggression to making preparation for it more difficult (...) Cooperative security differs from the traditional idea of collective security as preventive medicine differs from acute care."[19] In dem Ansatz der "kooperativen Sicherheitspolitik" wird versucht, gemeinsam auch mit potentiellen Gegnern Lösungen für sicherheitspolitische Fragen zu finden. Das Konzept der kooperativen Sicherheitspolitik soll also nicht durch Abschreckung, sondern durch Zusammenarbeit die Entstehung von Konflikten minimieren. Zumindest soll es verhindern, dass politische Streitfälle in militärische Konflikte ausarten. Das Ziel liegt also in der Verbesserung der Vorhersehbarkeit, im Abbau von Missverständnissen sowie in der Konfliktverhütung durch Verhandlungen und Konsultationen. Das Konzept der kooperativen Sicherheitspolitik ist präventiv ausgerichtet und beinhaltet aus spieltheoretischer Sicht den Vorteil, dass die „Spieler" durch gemeinsames Vorgehen insgesamt höhere Gewinne erzielen können.[20] Trotz allen geht das Konzept der kooperativen Sicherheit implizit von der Prämisse aus, dass alle Beteiligten an der Erhaltung der Sicherheit für alle interessiert wären und nicht versuchen, ihre eigene Sicherheit auf Kosten der Sicherheit anderer auszuweiten. Das Konzept stellt damit darauf ab, nicht die Sicherheit vor den anderen, sondern Sicherheit mit den anderen zu geben.

Sie wäre deshalb ungeeignet kalkulierte Aggressionen abzuschrecken, da ein planender Aggressor kaum auf irgendeine Kooperationsinitiative eingehen wird.[21] In der Voraussetzung eines bedingungslosen Kooperationswillen aller Mitgliedsstaaten liegt also ebenfalls wieder die inhärente Grenze der Leistungsfähigkeit dieses Konzeptes.[22] Deshalb richtet sich kooperative Sicherheitspolitik gegen mögliche Bedrohungen, die sich aus der Situation heraus ergeben können.[23] Kooperative Strategien können vor allem in einem frühen Stadium der Eskalation sehr erfolgreich sein.[24]

---

19 Vgl. Hochleitner, Erich P. (Hg), Das europäische Sicherheitssystem zu Beginn des 21. Jahrhunderts, Wien 2000, S. 97.

20 Vgl. ebd., S. 100.

21 Vgl. ebd., S. 104.

22 Vgl. ebd., S. 100.

23 Vgl. ebd., S. 104.

24 Vgl. ebd., S. 105.

Abbildung 1: Das Verhältnis von Kollektiver Sicherheit und Kollektiver Verteidigung

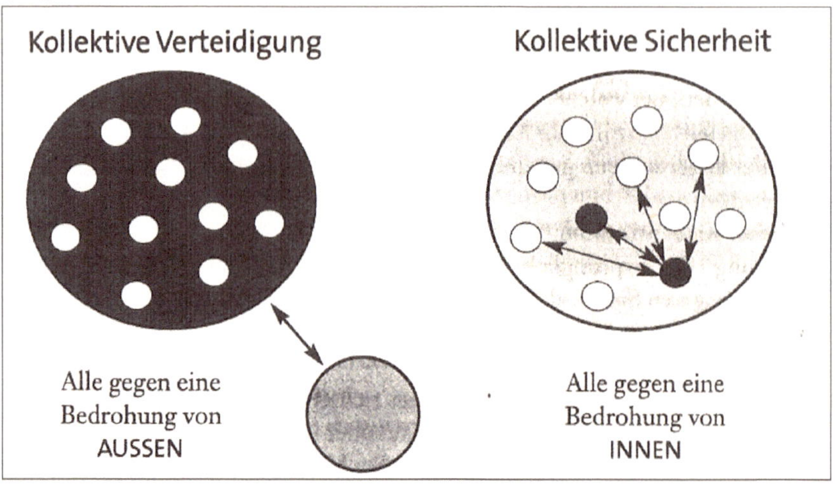

Quelle: Vetschera, Heinz, Grenzen und Möglichkeiten kooperativer Sicherheitspolitik in Europa am Beispiel der OSZE, in: Hochleitner, Erich P., (Hrsg.), Das europäische Sicherheitssystem zu Beginn des 21. Jahrhunderts, Böhlau Verlag, Wien 2000, S. 100.

Traditionelle Konzepte der *„kollektiven Verteidigungspolitik"* orientieren sich im Vergleich zu den Konzepten der kollektiven Sicherheitspolitik, wie in Abbildung 1 ersichtlich ist, nicht nach innen, sondern sie versuchen Sicherheit nach außen, oftmals vor einen mehr oder weniger bereits feststehenden potentiellen Gegner, zu gewährleisten. Dem Machtgewinn der einen Seite steht also immer gleich ein Machtverlust der anderen Seite gegenüber. In diesem Konzept spielt also das Instrument der individuellen und kollektiven Selbstverteidigung nach wie vor eine große Rolle. Dieses Instrument wird in der Strategie der Verteidigung im engeren Sinne oder der Strategie der Abschreckung deutlich. Jeder potentielle Friedensbrecher soll letztendlich durch die zusammengefasste Macht der Teilnehmer des Systems von der Aggression abgehalten werden.[25] Ein solches System erfordert einen entsprechenden institutionellen Rahmen und Entscheidungsorgane, die, wenn es erforderlich ist, Zwangsmaßnahmen verbindlich anordnen können.[26] Das Konzept der kollektiven Verteidigung ist also in seinen Wesen repressiv, da es Zwangs- und Strafmaßnahmen für einen Friedensbruch androht. Das Konzept der kollektiven Verteidi-

---

25 Vgl. ebd., S. 99.

26 Vgl. ebd., S. 100.

gung kann damit zwar sehr wirksam zur Friedenserhaltung und Kriegsverhütung beitragen, aber es erreicht dieses gute Ziel nur unter der Voraussetzung der angedrohten Nachteile gegen den Friedensbrecher. Obwohl die Strategien der kollektiven Sicherheit oder der kollektiven Verteidigung geeignet erscheinen, eine kalkulierte Aggression abzuschrecken, können beide Strategien dort versagen, wo Kriege oder andere bewaffnete Konflikte aus Missdeutung, Fehlbeurteilungen der Lage oder ähnlicher Ursachen entstehen.[27] Kollektive Verteidigungspolitik richtet sich deshalb meist gegen einen möglichen Angriff eines aggressionsbereiten Gegners, der abge-schreckt oder abgewehrt werden soll.[28] In einer frühen Phase der Eskalation trägt eine kollektive Verteidigungsstrategie aber eher noch zur Verschärfung der Eskalation bei.[29] Letztendlich sind kollektive Sicherheitsstrategien und kollektive Verteidigungsstrategien nicht komplementär.[30]

2.3 „Regionale Abmachungen" und Verteidigungsbündnisse

Nachdem verschiedene Versuche zur Gewährleistung der internationalen Sicherheit ge-scheitert waren, bildeten sich nach dem Zweiten Weltkrieg *Regionale Abmachungen*.[31] Ihre Schaffung ging auf die lateinamerikanischen Staaten zurück, die auf der Gründerkonferenz der Vereinten Nationen 1945 in San Francisco versuchten, ihr bereits entwickeltes regionales Sicherheitssystem beibehalten zu können.[32] Da aber Regionale Abmachungen eigentlich nicht mit dem grundsätzlich universalistischen Prinzip der Satzung der Vereinigten Nationen übereinstimmten, kam es zu einem Kompromiss zwischen Universalismus und Regionalismus. Die Satzung der Vereinten Nationen erkennt trotz ihrer universellen Konzeption im Kapitel VIII die Konzepte der Dezentralisation und des Regionalismus an, aber nur auf den Gebieten der Friedenserhaltung und der friedlichen Streitbeilegung.[33] Die Bezeichnung „Regional" bezieht sich dabei nicht auf eine geographische Abgrenzung oder Nachbarschaft, sondern vorrangig auf die

---

27 Vgl. ebd., S. 103f.

28 Vgl. ebd., S. 104.

29 Vgl. ebd., S. 105.

30 Vgl. ebd., S. 105.

31 Vgl. Varwick / Woyke, S. 17.

32 Vgl. Hochleitner, Erich P., S. 127.

33 Vgl. ebd., S. 128.

Teilnahme oder Mitgliedschaft in einer Abmachung oder Einrichtung und letztendlich auf ihren Zweck. Die geschlossene regionale Abmachung oder die Einrichtung hat somit nur die Befugnis für die Friedenserhaltung zwischen ihren Teilnehmern oder Mitgliedern zu sorgen. Dritte können von dieser Befugnis nicht erfasst werden. Regionale Abmachungen haben desweiteren auch nicht das Recht, Zwangsmaßnahmen von selbst zu ergreifen. Dieses Recht kann ihnen aber durch eine ausdrückliche Ermächtigung des Sicherheitsrates der Vereinten Nationen zugestanden werden. Die Satzung der Vereinten Nationen schließt somit also nicht aus, dass eine regionale Abmachung berechtigt werden kann Zwangsmaßnahmen zu ergreifen.[34] Letztendlich ist aber nur der Sicherheitsrat zur Durchsetzung der kollektiven Sicherheit berechtigt. Die primäre Aufgabe regionaler Abmachungen liegt hauptsächlich eher in der Durchsetzung kooperativer Sicherheitspolitik. Ihr eigentlicher Aufgabenbereich sind somit die friedliche Streitbeilegung und Maßnahmen zur Friedenserhaltung. Sie betreiben somit präventive Sicherheitspolitik.

Regionale Abmachungen nach Kapitel VIII unterscheiden sich formal und funktional eindeutig von regionalen kollektiven *Selbstverteidigungsbündnissen*. Verteidigungsbündnisse unterscheiden sich formal von Regionalen Abmachungen dadurch, dass sie eine gesonderte Rechtsgrundlage in Kapitel VII (Art.51) haben. Im Vergleich zu den Regionalen Abmachungen, die funktional primär der kooperativen Sicherheitspolitik dienen, haben regionale Verteidigungsbündnisse die Aufgabe, die kollektive Selbstverteidigung nach außen, gegen einen oder mehrere mögliche Angreifer außerhalb ihres Systems zu gewährleisten.[35] Der wohl wesentlichste Unterschied zwischen regionalen Abmachungen und Verteidigungsbündnissen liegt aber in der Befugnis zur Anwendung militärischer Gewalt. Während regionale Abmachungen Zwangsmaßnahmen nur mit ausdrücklicher Ermächtigung der Sicherheitsrates laut Artikel 53 der Satzung der Vereinten Nationen anwenden können, sind regionale Verteidigungsbündnisse im Bündnisfall unmittelbar dazu berechtigt, Zwangsmaßnahmen durchzuführen. Dieses eigene Recht zur Durchführung von Zwangsmaßnahmen kann auf der Grundlage der Satzung der Vereinten Nationen unmittelbar ausgeübt werden, da der Artikel 51 individuelle wie kollektive Selbstverteidigung ausdrücklich als „Naturrecht" anerkennt. Der Sicherheitsrat hält sich laut Satzung aber noch ein „Zugriffsrecht" auf militärische Verteidigungsbündnisse offen. Der Artikel 48 der Satzung der Vereinten Nationen legt deshalb genau fest, dass Beschlüsse des Sicherheitsrates über Zwangsmaßnahmen von

---

34 Vgl. ebd., S. 129.

35 Vgl. ebd., S. 130.

den Mitgliedern der Vereinten Nationen unmittelbar sowie durch Maßnahmen in den geeigneten internationalen Einrichtungen durchgeführt werden, deren Mitglieder sie sind.[36] Die unterschiedliche Stellung der OSZE und der WEU/NATO im System der Vereinten Nationen macht die Abbildung 2 deutlich.

Abbildung 2: Die Stellung von WEU, NATO und OSZE im System der Vereinten Nationen

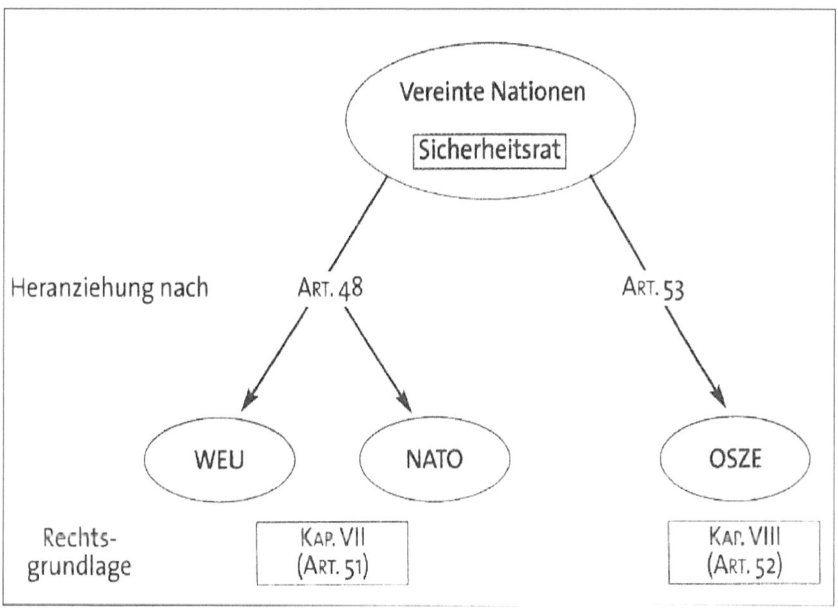

Quelle: Vetschera, Heinz, Grenzen und Möglichkeiten kooperativer Sicherheitspolitik in Europa am Beispiel der OSZE, in: Hochleitner, Erich P., (Hrsg.), Das europäische Sicherheitssystem zu Beginn des 21. Jahrhunderts, Böhlau Verlag, Wien 2000, S. 100.

Unter geeigneten „internationalen Einrichtungen" werden militärische Bündnisse verstanden. Die kollektiven Selbstverteidigungsbündnisse sind auch die einzigen Einrichtungen, denen es gelingt, gemeinsame Wertvorstellungen aufzubauen, um damit das Prinzip der kollektiven Sicherheit zu erfüllen.[37]

---

36 Vgl. ebd., S. 130f.

37 Vgl. Varwick / Woyke, S. 20.

3 Die WEU

3.1 Die Geschichte der WEU von ihrer Gründung bis zu ihrer Bedeutungslosigkeit

Nach dem Zweiten Weltkrieg wurde die westliche Staatengemeinschaft durch die europäischen und weltpolitischen Entwicklungen vor zwei Hauptprobleme gestellt. Zum einen erforderte die wachsende Bedrohung durch die Sowjetunion den Aufbau eines westeuropäischen Verteidigungssystems am besten unter der Beteiligung der USA. Zum anderen wollten die westlichen Partner das besiegte Deutschland in die westlichen Sicherheitsstrukturen einbinden, da sonst die Gefahr bestand, dass Deutschland in den sowjetischen Einflussbereich geraten konnte.[38] Erster vertraglicher Vorläufer der Westeuropäischen Union war der Vertrag von Dünkirchen, den Großbritannien und Frankreich im Jahre 1947 schlossen. Er beinhaltete eine gegenseitige Beistandspflicht im Falle eines noch nicht auszuschließenden Wiedererwachens deutscher Revanche- oder Expansionsgelüste.[39] In dem Vertrag von Dünkirchen wurde also noch Deutschland als Hauptgegner betrachtet. Der Prager Umsturz Ende Februar 1948 brachte aber die westliche Staatengemeinschaft dazu, die sowjetische Expansionspolitik als eine größere Bedrohung anzusehen, als das besiegte und geteilte Deutschland.[40] Am 17.3.1948 schlossen sich deshalb die fünf Staaten Belgien, Niederlande, Luxemburg, Frankreich und Großbritannien in den Brüsseler Vertrag über wirtschaftliche, soziale und kulturelle Zusammenarbeit und kollektive Selbstverteidigung zur „Westunion" zusammen, um ihre Kräfte gegen die Sowjetunion zu bündeln.[41] Der Brüsseler Vertrag wurde von seinen Mitgliedsstaaten für die Zeit von 50 Jahren unkündbar abgeschlossen.[42] Die Beistandsklausel der Westunion war aber bereits weniger gegen Deutschland, sondern vielmehr gegen die Sowjetunion gedacht, deren aggressive Politik sich sichtbar in der Berlin-Blockade von 1948 zu verfestigen begann. Diese beunruhigenden Entwicklungen nahm der amerikanische Präsident Truman als Anlass, ein verstärktes sicherheitspolitisches Engagement der USA in Europa zu fordern. Dieses

---

38 Vgl. Georgantzis, Konstantinos, Die WEU als sicherheitspolitische Säule der EU und als europäischer Pfeiler der NATO, München 1998, S. 27.

39 Vgl. Hochleitner, Erich P., S. 233.

40 Vgl. Georgantzis, Konstantinos, S. 28.

41 Vgl. Weber, Bernd, Sicherheitsorganisation: UNO, OSZE / KSE, NATO, EU, WEU, Bielfeld 2000, S. 70.

42 Vgl. Varwick / Woyke, S. 23.

Engagement führte dann am 4. April 1949 zur Gründung der NATO in Washington.[43] Der Brüsseler Vertrag war also einer der Wegbereiter für die 1949 gegründete NATO.

Die Westunion wurde nach der Unterzeichnung des Nordatlantikvertrages der NATO mit dieser verschmolzen.[44] Im Jahr nach der Gründung der NATO übertrug die Westunion ihre kollektiven Verteidigungsaufgaben an die NATO. Weiterhin wurden im April 1951 die Zuständigkeiten der Oberbefehlshaber der „West-Union" auf den SACEUR der NATO übertragen. Die gesamten Stäbe sowie das Infrastrukturprogramm über Flugplätze und Fernmeldeeinrichtungen der Westunion wurden der NATO zur Verfügung gestellt.[45]

Die sich weiter ausdehnende Bedrohung durch den Warschauer Pakt brachte die Frage der Einbindung Deutschlands wieder stark auf die Tagesordnung. Aus diesem Grund schlug am 26.10.1950 der französische Premier René Pleven die Gründung einer Europäischen Verteidigungsgemeinschaft vor. Die im Februar 1951 in Paris begonnenen Verhandlungen konnten im Mai 1952 von nunmehr sechs Staaten erfolgreich abgeschlossen werden. Die EVG scheiterte aber, weil die französische Nationalversammlung, aus Angst vor einem Souveränitätsverlust gegenüber Deutschland, den Vertrag über die EVG am 29.8.1954 nicht ratifizierte.[46] Der Misserfolg dieses französischen Projektes veranlasste Großbritannien dazu, für die Einbindung Westdeutschlands und Italiens in die Westunion einzutreten. Unter sanftem britischen Druck wurde dann durch die Pariser Verträge vom Oktober 1954 die Westunion vertraglich modifiziert, Deutschland und Italien am 23.10.54 aufgenommen und die Westunion in die Westeuropäische Union umbenannt. Als Hauptziele der West-europäischen Union wurden die Schaffung einer festen Grundlage für den wirtschaftlichen Aufbau Europas, die Förderung der Einheit Europas und dessen fortschreitende Integration und der gegenseitige Beistand und der Widerstand gegen Aggressionen festgelegt.[47] Trotz dieser wichtigen Ziele gingen durch die Pariser Verträge die wirtschaftlichen Aufgaben der West-Union auf die OECD und die Europäische Gemeinschaft über. Die Westeuropäische Union übertrug 1960 dann auch noch ihre sozialen und kulturellen Aufgaben auf den Europarat.[48] Die WEU verfiel deshalb ab dem Jahr 1955 in einen „Dornröschenschlaf",

---

43 Vgl. Hochleitner, Erich P., S. 233.

44 Vgl. Weber, Bernd, S. 70.

45 Vgl. ebd., S. 70.

46 Vgl. Hochleitner, Erich P., S. 234.

47 Vgl. ebd., S. 234.

48 Vgl. Weber, Bernd, S. 70.

der sie die Höhen und Tiefen des Kalten Krieges unbeschadet überstehen ließ.[49] Bis zum Beitritt Großbritanniens zu den Römischen Verträgen 1973 diente die WEU hauptsächlich nur noch als Forum für Kontakte. Nach 1973 gab es kaum noch bedeutende Aktivitäten innerhalb der WEU.[50]

Die WEU erwachte aus ihrem Schlaf erst wieder 1983 vor dem Eindruck der SDI-Initiative Ronald Reagans. Mit der strategischen Verteidigungsinitiative kündigte der amerikanische Präsident Reagans ein Forschungsprogramm zur Beseitigung der Bedrohung durch strategische Atomraketen an. Er weckte damit bei seinen europäischen Verbündeten die Sorge, dass ein Erfolg der Initiative zu einer Abkoppelung amerikanischer und europäischer Sicherheitsinteressen führen könnte.[51] Die einheitliche Europäische Akte von 1986 stellt erstmals einen direkten Zusammenhang zwischen der WEU und dem Prozess der europäischen Wirtschaftsintegration her. Die stark umstrittenen Verhandlungen über den Abbau von Mittestreckenraketen in Europa, zeigten dann auch immer deutlicher, dass wieder ein Bedarf nach enger Kooperation unter den Europäern notwendig war.[52] Am 30. Jahrestag der Brüsseler Verträge 1994 beschlossen die sieben WEU Außen- und Verteidigungsminister in der „Erklärung von Rom" die Reaktivierung der WEU.[53] Im November 1988 wurden Spanien und Portugal in die WEU aufgenommen. Ihnen folgte 1995 dann noch Griechenland als 10. Vollmitglied.[54] Die Mitglieder der WEU sind in Abbildung 3 ersichtlich.

---

49 Vgl. Hochleitner, Erich P., S. 235.

50 Vgl. Weber, Bernd, S. 71.

51 Vgl. Hochleitner, Erich P., S. 235.

52 Vgl. ebd., S. 235.

53 Vgl. Weber, Bernd, S. 71.

54 Vgl. ebd., S. 71.

Abbildung 3: Die Mitglieder der WEU

Quelle: WEU Secretariat General, WEU Today, Brüssel, Januar 2000, S. 6.

Der Beitrittswunsch der Türkei zur WEU blieb aber immer unerfüllt, weil spätestens seit dem Maastrichter Vertrag von 1991 eine WEU-Vollmitgliedschaft untrennbar mit einer Mitgliedschaft in der Europäischen Union verbunden war.

Die EU-Beitrittsaspiranten, die großen ungelösten ethnischen Konflikte anderer ehemaliger kommunistischer Staaten und die deutsche Wiedervereinigung beflügelten den Wunsch der EU nach einer Vertiefung im Bereich der Außen- und Sicherheitspolitik. Dieser Wunsch der EU verhalf der WEU wieder zu einer politischen Relevanz, die weit über ihrem militärischen Potential lag. In dem Maastrichter Vertrag von 1991 wurde deshalb die WEU formal zum „integralen Bestandteil der Entwicklung der EU" erklärt.[55] Die WEU-Staaten zeigten sich in einer an den Maastrichter Vertag angehangenen Erklärung bereit, als Vorbereitungs- und Durchführungsorgane für Beschlüsse der Europäischen Union „mit verteidigungspolitischen Implikationen" zur Verfügung zu stehen.[56] In den neunziger Jahren wurde die West-europäische Union also zum verteidigungspolitischen Arm der

55 Vgl. Hochleitner, Erich P., S. 236f.

56 Vgl. ebd., S. 237.

EU weiterentwickelt. Grundlage dafür war die Petersberger- Erklärung, die am 19. Juni 1992 vom Ministerrat der WEU verabschiedet wurde.[57] Sie beinhaltete die weitere Vorbereitung multinationaler WEU-Einsätze außerhalb des Bündnisgebietes, weitere festgelegte Maßnahmen waren: „humanitäre Aufgaben und Rettungseinsätze, friedenserhaltende Aufgaben und Kampfeinsätze bei der Krisenbewältigung und Einsätze zur Herbeiführung des Friedens".[58] Die Petersberger- Erklärung machte das Bemühen der WEU, ihre Doppelrolle zwischen den verteidigungs-politischen Arm der EU und europäischen Pfeiler der NATO gerecht zu werden, deutlich.[59] Durch die Vernachlässigung der WEU im Kalten Krieg wurde aber nach ihrer Wiederbelebung in den 80er und 90er Jahren klar, dass ihr militärisches Potential völlig unter-entwickelt war. Deshalb versuchte sie in den 90er Jahren ihr militärisches Potential durch die Forces Answerable to WEU (FAWEUs) und einen neuen Planungsstab auszubauen.[60] Der Amsterdamer Vertrag von 1997 band die WEU noch wesentlich stärker als bisher an die Europäische Union. Der Union war es durch diesen Vertrag jetzt möglich, die WEU „in Anspruch nehmen" zu können.[61] Neue Dynamik in die WEU-EU Zusammenarbeit brachten die französisch-britische Erklärung von Saint-Malo im Dezember 1998. Diese Erklärung führte dazu, dass es zu einer Übertragung der einst bei der WEU angesiedelten Petersberger Aufgaben auf die Europäische Union kam.[62] Die Peterberger Aufgaben wurden dann 2000 in Artikel 17 Abs. 2 des Nizzaer Vertrages aufgenommen. Die EU hat aber nicht nur die operativen Aufgaben der WEU, sondern auch ihre nachgeordneten Einrichtungen, wie das Satellitenzentrum und das Institut für Sicherheitsstudien, übernommen.[63] In der Erklärung des Europäischen Rates von Köln hieß es, dass die WEU bis Ende 2000 „als Organisation ihren Zweck erfüllt haben dürfte".[64] Am 13. November 2000 legte der Ministerrat von Marseille fest, dass die

---

57 Vgl. Vertretung der Europäischen Kommission in der Bundesrepublik Deutschland, EU-Nachrichten Heft Nr. 2, Die Gemeinsame Außen- und Sicherheitspolitik der Europäischen Union, Berlin 2002, S. 5.

58 Vgl. Hochleitner, Erich P., S. 237.

59 Vgl. Vertretung der EU-Kommission in der BRD, S. 5.

60 Vgl. Hochleitner, Erich P., S. 239f.

61 Vgl. ebd., S. 244.

62 Vgl. Wogau, von Karl, Auf dem Weg zur Europäischen Verteidigung, Freiburg 2003, s. 52.

63 Vgl. Deutscher Bundestag, Wissenschaftliche Dienst, GASP, ESVP und ihre Instrumente - Ein Überblick, Nr. 2/07, Berlin, Januar 2007, S. 2.

64 Vgl. Hochleitner, Erich P., S. 250.

WEU ab Juli 2001 nur noch einige Restfunktionen zu erfüllen hat.[65] Dazu zählen die Durchführung der Parlamentarischen Versammlung und der Erhalt der Beistandsverpflichtung in Art. 5 des WEU-Vertrages.[66] Die WEU behält sicherlich noch so lange eine Bedeutung als Vertragsgerippe, bis die EU-Mitgliedsstaaten zu einer gemeinsamen Entscheidung über die vollständige Überführung der Beistandsklausel des WEU-Vertrages in die EU-Verträge gelangt sind.[67]

3.2 Mitglieder- und Organisationsstruktur der WEU im Überblick

In der WEU gibt es eine viergliedrige *Mitgliederstruktur.* Es gibt WEU-Vollmitglieder, assoziierte Mitglieder, Beobachter und assoziierte Partner. Die WEU zählt momentan zehn *Vollmitglieder.* Vollmitglieder sind alles die Staaten, die dem Brüsseler Vertrag laut Art. XI Abs. 1 offiziell beigetreten sind.

Den Beobachterstatus in der WEU haben Mitglieder der EU, die aus verschiedenen Gründen nicht Vollmitglieder der WEU werden wollen. Diesen Beobachterstatus genießen momentan Finnland, Schweden, Österreich und Irland. Diese Länder sind traditionell sicherheitspolitisch neutral oder nicht packtgebunden.[68] In der Symmetrie zum Status der Beobachter schuf die WEU für die europäischen NATO-Mitglieder, die nicht EU-Mitglieder sind, den Status der assoziierten Mitglieder. Diesen Status der assoziierten Mitglieder tragen momentan Island, Norwegen, Polen, Tschechien, Ungarn und die Türkei. Als einen Beitrag zur Integration der zentral- und osteuropäischen Länder und zur Stärkung der Parallelität zur EU wurde allen Reformländern mit Europaabkommen die Möglichkeit geboten, assoziierter Partner zu werden.

Diesen Partnerstatus genießen zur Zeit Bulgarien, Estland, Lettland, Litauen, Rumänien, Slowakei und Slowenien. Auf der Basis dieser viergliedrigen Mitgliederstruktur hat die WEU nach dem Vertrag von Maastricht ein flexibles Modell aufgebaut, in dem die zehn Vollmitglieder mit den sechs europäischen NATO-Mitgliedern, die nicht der

---

65 Vgl. Warnken, Monja, Der Handlungsrahmen der Europäischen Union im Bereich der Sicherheits- und Verteidigungspolitik, Nomos Verlagsgesellschaft, Baden-Baden 2002, S. 192f.

66 Vgl. Deutscher Bundestag, Wissenschaftliche Dienst, S. 2.

67 Vgl. Hochleitner, Erich P., S. 258.

68 Vgl. Georgantzis, Konstantinos, S. 50f.

Union angehören, sowie den fünf EU-Mitgliedern die nur Beobachterstatus genießen, gemeinsame Anliegen des europäischen Krisenmanagements behandeln können. Für allgemeine sicherheitspolitische Themen können sogar bei Bedarf die osteuropäischen Partner eingebunden werden. Damit kann man von einer Familie der WEU-Nationen sprechen.[69] Anders als bei der Mitgliederstruktur, lassen sich bei der Organisationsstruktur der WEU, siehe Abbildung 4, eher wieder klassische Formen finden.

Abbildung 4: Die Organisationsstruktur der WEU

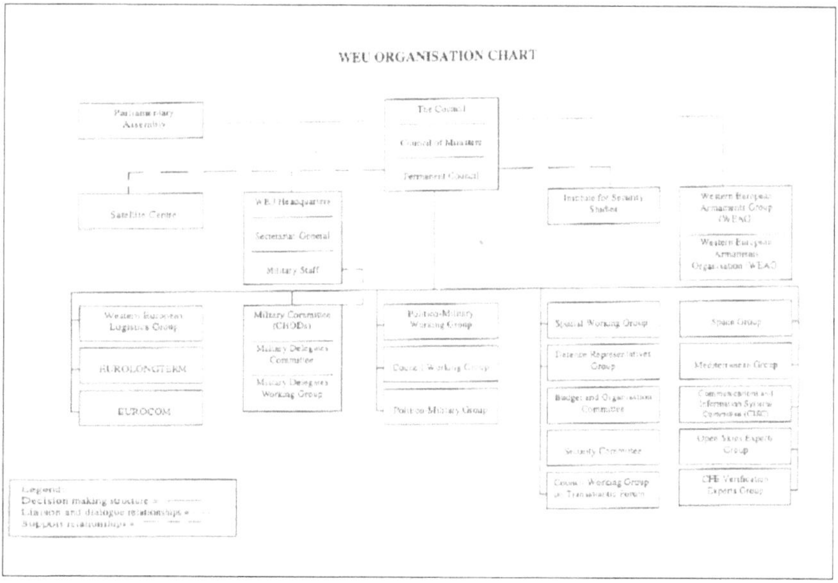

Quelle: WEU Secretariat General, WEU Today, Brüssel, Januar 2000, S. 7.

Der *Rat der Westeuropäischen Union* ist das höchste Entscheidungs- und Exekutivorgan der Organisation.[70] Er setzt sich aus den Außen- und Verteidigungsministern der Mitgliedstaaten zusammen. Aus diesem Grund wird er auch als Ministerrat bezeichnet.[71] Der Ministerrat tagt zweimal jährlich und sein Vorsitz wechselt halbjährlich. Im Ministerrat kommt der Wille der Mitglieder zum Ausdruck, da die WEU intergouvernemental organisiert ist. Die Deklarationen und Stellung-

69 Vgl. Hochleitner, Erich P., S. 238f.

70 Vgl. Georgantzis, Konstantinos, S. 46.

71 Vgl. Warnken, Monja, S. 83.

nahmen zu großen politischen Themen werden im Ministerrat einstimmig verabschiedet.[72] Während der Tagungen des Ministerrates treffen zunächst die WEU-Vollmitglieder mit den assoziierten Mitgliedern und den Beobachtern zusammen. Danach werden dann auch die assoziierten Partner dazu genommen.

Der Ministerrat wird durch den *Ständigen Rat*, der auf Botschafterebene einmal wöchentlich am Sitz des Generalsekretariats in Brüssel tagt, vertreten. Der Ständige Rat hat die Aufgabe, die Treffen des Ministerrates vorzubereiten und seine Beschlüsse auszuführen.[73] Er tagt oft in unterschiedlicher Zusammensetzung, abwechselnd zu 18 und zu 28 mit assoziierten Partnern, obwohl ausschließlich die Vollmitglieder mit Einstimmigkeit entscheiden können.[74] Gemäß der Artikels VIII Abs. 2 des modifizierten Brüsseler Vertrages von 1954 kann der Ständige Rat ihm nachgeordnete Stellen für bestimmte Aufgaben einrichten und sie zur selbständigen Ausübung ermächtigen. Zu den wichtigsten *Arbeitsgruppen* des Ständigen Rates gehört die Sonderarbeitsgruppe, die sich aus den Vertretern der nationalen Außen- und Verteidigungsministerien zusammensetzt.[75] Weitere Arbeitsgruppen sind u.a. die Gruppe der Vertreter aus den Verteidigungsministerien, die Gruppe der militärischen Delegierten, Standing groups, specific subject groups sowie weitere Unterarbeitsgruppen die sich mit dem Weltraum, dem Mittelmeer und mit der Abrüstung und Verifikation beschäftigen. Aus der früheren EUROGROUP entstand außerdem noch die Gruppe von dreizehn NATO-Mitgliedern, die Arbeitsgruppe der 13.[76]

Das *Generalsekretariat* führt die Verwaltungsgeschäfte und der Generalsekretär leitet die Sitzungen des Ständigen Rates und koordiniert die Tätigkeiten der von der WEU eingesetzten Arbeitsgruppen.[77] Das Generalsekretariat organisiert die Aktivitäten des Rates und koordiniert die Zusammenarbeit zwischen dem Rat und den übrigen Organen. Das Generalsekretariat verlegte seinen Sitz 1992 von London nach Brüssel. In ihm arbeiten ungefähr 100 Mitglieder aller Nationen der zehn WEU-Mitgliedstaaten.[78]

---

72 Vgl. Georgantzis, Konstantinos, S. 47.

73 Vgl. Weber, Bernd, S. 71.

74 Vgl. Warnken, Monja, S. 84.

75 Vgl. ebd., S. 85.

76 Vgl. Weber, Bernd, S. 71.

77 Vgl. ebd., S. 72.

78 Vgl. Warnken, Monja, S. 86.

Neben den Arbeitsgruppen kann sich der Rat gemäß Artikel VIII Abs. 2 des modifizierten Brüsseler Vertrages weitere *Hilfsorgane* schaffen. Von dieser Ermächtigungsgrundlage machte der Rat auch Gebrauch. Das erste neugeschaffene Hilfsorgan war das Amt für Rüstungskontrolle. Es hat die Aufgabe, die Einhaltung der von den Mitgliedstaaten eingegangenen Verpflichtungen, bestimmte Waffen nicht herzustellen beziehungsweise bestimmte Höchstgrenzen nicht zu überschreiten, zu kontrollieren.[79]

Als nächstes Hilfsorgan wurde am 13. November 1989 das *Institut für Sicherheitsfragen* in *Paris* gegründet.[80] Das Institut hat drei Aufgaben zu erfüllen. Diese Ziele sind die Erstellung von sicherheitspolitischen Untersuchungen und Analysen für den Ministerrat, Beiträge zur allgemeinen Diskussion über Themen der europäischen Sicherheit und die Herstellung von Kontakten zu ähnlichen Institutionen. Das Ziel des Institutes ist die Förderung der europäischen Sicherheitsidentität.[81] Weiterhin organisiert das Institut auch Veranstaltungen.

Durch den Beschluss des Ministerrates vom 27. Juni 1991 wurde als drittes Hilfsorgan ein *Satellitenzentrum* errichtet. Es wurde in Torrejón bei Madrid am 23. April 1993 eröffnet und am 15. Mai 1995 zur ständigen WEU-Einrichtung erklärt. Das Zentrum nimmt Sicherheits- und Abrüstungskontrollfunktionen wahr. Es wertet aus diesem Grund Satellitenbilder aus und liefert diese an den Ministerrat der WEU.[82] Die militärische Planungszelle nahm am 1. Oktober 1992 als viertes Hilfsorgan des Ministerrates seine Arbeit auf. Die Planungszelle besteht aus 50 Offizieren der WEU-Vollmitgliedsländer und assoziierten Mitgliedern. In Friedenszeiten arbeitet sie an der Entwicklung von Streitkräftestrukturen unter WEU-Befehl, an der Vorbereitung der Kommando- und Kommunikationsstrukturen sowie an der Zuordnung möglicher Streitkräfte zur WEU für spezielle Aufgaben. Im Krisenfall gibt die Planungszelle Empfehlungen für einen möglichen Einsatz der WEU ab. Sie führt vorbereitende Planungsarbeiten für einen WEU-Einsatz durch und koordiniert die Zusammenstellung von WEU-Truppenkontingenten. Weiterhin unterstützt sie den Ministerrat während einer Operation Lagebeurteilungen und bei der Anpassung von Operationszielen.[83] Die Planungszelle ist unmittelbar

---

79 Vgl. ebd., S. 86f.

80 Vgl. ebd., S. 87.

81 Vgl. Georgantzis, Konstantinos, S. 48.

82 Vgl. Warnken, Monja, S. 88.

83 Vgl. ebd., S. 88f.

dem Ministerrat verantwortlich und ihre Stellungnahmen haben nur empfehlenden Charakter.[84]

Im Komitee der Generalstabschefs, als weiteres Hilfsorgan des Ministerrates, treffen sich die Generalstabschefs regelmäßig jeweils vor einer Ministerratstagung oder nach Bedarf.[85]

Die Rüstungszusammenarbeit der Westeuropäischen Union findet innerhalb der *Westeuropäischen Rüstungsgruppe* (WEAG) statt. Diese wurde 1992 auf der Grundlage der Petersberg-Erklärung gegründet.[86] In der WEAG sind die zehn WEU-Vollmitglieder und die sechs assoziierten Mitglieder, die sich als Ziel gesetzt haben, im Rüstungsbereich eng miteinander zusammenzuarbeiten.[87] Das Hauptziel der WEAG ist die Harmonisierung des Rüstungssektors der Mitgliedsstaaten sowie die Verbesserung der effizienten Verwendung der Ressourcen.[88] Die Präsidentschaft der WEAG wechselt aller zwei Jahre.

Auf der Ministerratstagung der WEU am 19. November 1996 legten die Verteidigungsminister der WEAG-Staaten fest, eine *Westeuropäische Rüstungsorganisation* (WEAO) zu gründen. Die WEAO ist eine Organisation mit eigener Rechtspersönlichkeit, die im April 1997 ihre Arbeit aufnahm.[89] Dieses Hilfsorgan soll als Vorläufer einer Europäischen Rüstungsagentur dienen. Die WEAO hat jetzt erst mal die Aufgabe, die Verwaltung des Forschungsprogramms EUCLID zu übernehmen.[90]

Dem Ministerrat und seinen Hilfsorganen steht die *Parlamentarische Versammlung* der WEU gegenüber.[91] Die Parlamentarische Versammlung wurde mit der Unterzeichnung der Pariser Verträge im Jahre 1954 gegründet. Der Ministerrat muss der Versammlung „jährlich einen Bericht über seine Tätigkeit, insbesondere über die Rüstungskontrolle“ geben.[92] Die Parlamentarische Versammlung besteht aus 115 Vertretern der WEU-Vollmitgliedstaaten, die zugleich an der beratenden Versammlung des Europarates teilnehmen. Sie tagt zweimal pro Jahr in Paris und gibt dem Rat lediglich Empfehlungen.[93] Die

---

84 Vgl. Weber, Bernd, S. 72.

85 Vgl. Warnken, Monja, S. 89.

86 Vgl. ebd., S. 89.

87 Vgl. Weber, Bernd, S.72.

88 Vgl. ebd., S. 72.

89 Vgl. ebd., S. 72.

90 Vgl. Warnken, Monja, S. 90.

91 Vgl. ebd., S. 90.

92 Vgl. Georgantzis, Konstantinos, S. 49.

93 Vgl. Weber, Bernd, S. 72.

Versammlung hat also lediglich Beratungskompetenzen gegenüber den Ministerrat. Als Lenkungsorgane hat die Versammlung das Präsidium und den Präsidialausschuss. Sie hat das Recht, über alle den Brüsseler Vertrag betreffenden Fragen und Angelegenheiten, die ihr vom Ministerrat unterbreitet wurde, zu beraten. Die Parlamentarier der Versammlung der WEU haben außerdem die Möglichkeit, sich mit Fragen der Sicherheit und Verteidigung Europas zu beschäftigen. Die Versammlung ist damit das einzige parlamentarische Gremium Europas, das zu Fragen der militärischen Sicherheit und der Waffenkontrolle Stellung nehmen kann.[94]

Weiterhin hat die Versammlung sechs Komitees, in den Bereiche Politik, Verteidigung, Technologie und Weltraum. Seit dem Petersberger Beschlüssen von 1992 versucht die WEU ihre politisch-militärischen Entscheidungsstrukturen weiter zu verbessern.

Deshalb wurde 1995 neben der Planungszelle noch ein Lagezentrum zur Stärkung der militärischen Komponente der WEU eingerichtet. Zu den Aufgaben des Lagezentrums zählt die Beobachtung der Lage in Krisengebieten, die Informationsbereitstellung für den Ministerrat und im Falle eines WEU-Einsatzes soll es die wichtigsten Entscheidungsorgane mit Informationen über den Ablauf der Operationen versorgen. Seit Mai 1998 ist das Lagezentrum den Befehl eines Drei-Sterne-Generals unterstellt.[95] Am 13. Mai 1997 entschied sich die WEU, in Paris auch einen Militärausschuss, der im Oktober 1998 in Rom zum ersten Mal tagte, zu errichten. Als military interface würde der Militärausschuss bei zukünftigen Einsätzen der WEU, die politischen-militärischen Entscheidungen des Ministerrates in rein militärische Entscheidungen verwandeln.[96]

Weiterhin beschloss die WEU im November 1997 bei ihrem Treffen in Erfurt, die militärische Struktur der WEU ganz zu ändern. Aus diesem Grund wurde der Militärausschuss seit Mai 1998 durch einen Militärstab ergänzt. Der Militärstab soll für eine größere Kohäsion unter den Mitgliedern der WEU sorgen und ihre internen Beziehungen stärken. Die Leitung des Militärstabes wird von einem Drei-Sterne-General ausgeführt.[97] Die WEU verfügte damit über eine organisatorische und operationelle Fähigkeit, die sie zu keinem Zeitpunkt in ihrer über fünfzigjährigen Geschichte erreichte. Trotz ihrer immer noch bescheidenen Kapazitäten im Vergleich zur NATO wäre die

---

94 Vgl. Warnken, Monja, S. 91.

95 Vgl. Georgantzis, Konstantinos, S. 68.

96 Vgl. ebd., S. 66.

97 Vgl. ebd., S. 67.

WEU theoretisch in der Lage gewesen, Operationen am unteren Spektrum der Petersberger Beschlüsse zu übernehmen.[98]

3.3 Die bisherigen Einsätze der WEU

Die WEU hat bisher noch nicht viele Einsätze bestritten und die bisherigen Aktionen gaben ihr kein spezifisches Profil. Die Mitgliedsstaaten der WEU haben zweimal an Operationen im *Persischen Golf* teilgenommen. [99]

Der erste Einsatz der WEU fand im Krieg zwischen dem Iran und dem Irak, der von 1987 bis 1988 geführt wurde, statt. Die WEU koordinierte bei diesem einen Minenräumeinsatz westlicher Staaten am Persischen Golf. Die „WEU-Operation Cleansweep" bot belgischen, italienischen, niederländischen, französischen und britischen Schiffen die Möglichkeit, gemeinsam unter europäischer Flagge in der Straße von Hormuz zu operieren.

Der zweite Einsatz der WEU im Persischen Golf fand während des ersten Golfkrieges von 1990/1991 in Kuwait statt. Die WEU koordinierte dort bis zu 45 Kriegsschiffe, die von 1990 bis 1991 zur Durchsetzung der UN-Resolution 661, zum Embargo gegen den Irak, teilnahmen. Im Golfkrieg führte die WEU im April 1991 auch ihre erste humanitäre Operation „Safe Haven" zur Hilfe bedrängter Kurden durch. Diese Tätigkeit der WEU wurde im Juli 1992 von den Vereinten Nationen übernommen.[100] Die zwei Operationen der WEU im Persischen Golf wurden als Erfolg bewertet.[101]

Die WEU führte auch viele Einsätze während der *Jugoslawienkrise* durch. Im Balkankonflikt kam es zu einem weiteren Einsatz der WEU. Die WEU überwachte in der Adria das Embargo gegen Jugoslawien. Sie beschloss im Juli 1992, dass zur Durchsetzung der UN-Resolution 820, die die Blockade gegen Serbien und Montenegro beinhaltende, belgische, britische, französische, italienische, portugiesische und spanische Kriegsschiffe die Adria und die Straße von Otranto überwachen sollten. Nachdem auch die NATO einen Embargoeinsatz an der Adria unternahm, wurde die schon bestehende WEU-Operation SHAPE FENCE zur gemeinsamen NATO-WEU Operation SHARP

---

98 Vgl. ebd., S. 69.

99 Vgl. Ebd., S. 70.

100 Vgl. Warnken, Monja, S. 239.

101 Vgl. Georgantzis, Konstantinos, S. 73.

GUARD umgewandelt.[102] Mit dem Ende der Operation SHARP GUARD endeten dann aber auch die rein militärischen Operationen der WEU.

Alle weiteren Operationen der WEU waren reine Polizeiaktionen.[103] Die WEU unterstützte von Juni 1993 bis September 1996 Bulgarien, Ungarn und Rumänien, das UN-Embargo gegen Serbien und Montenegro entlang der Donau durchzusetzen. Zu Spitzenzeiten der WEU-Operation waren 250 Mann Personal aus sieben WEU-Nationen eingebunden, die ein Koordinations- und Logistikzentrum und drei Kontrollpunkte entlang der Donau aufrecht-erhielten. Die WEU setzte acht Schiffe und 50 Fahrzeuge ein, um 6748 Inspektionen durchzuführen, bei denen 422 Verletzungen des UN-Embargos aufgedeckt wurden.[104] Als nächstes führte die WEU von Juli 1994 bis Ende 1996 einen internationalen Polizeieinsatz in der bosnischen Stadt Mostar durch. Dieser Einsatz war der erste, um den die EU die WEU ersucht hatte. Über die zwei Jahre waren bis zu 182 internationale Polizeibeamte der WEU in Mostar. Diese Polizeibeamten hatten die Aufgabe, in der durch die Kriegswirren ethnisch geteilten Stadt wieder eine aus Bosniern und Kroaten bestehende Polizei aufzubauen.[105] Als es 1997 in Albanien zu gewaltsamen Ausschreitungen kam und Albanien durch die Unruhen im Chaos zu versinken drohte, entschied sich die internationale Gemeinschaft dieses Mal zum sofortigen Handeln. Aber der Ständige Rat der WEU konnte sich am 17 .März 1997 nicht auf eine gemeinsame Aktion der WEU-Mitglieder zur Wiederherstellung der Ordnung in Albanien einigen. Der einzige Beitrag der WEU zur Bewältigung der Albanienkrise war die Entsendung eines multinationalen beratenden Polizeikontingents.[106]

Alle bisherigen Aktionen der WEU waren im Kontext der allgemeinen Krisenbewältigung sehr wichtig. Bei allen Aktionen der WEU handelte sich es allerdings um symbolische Aktionen im Rahmen von größeren Krisenbewältigungsoperationen anderer Hauptakteure. Die wirklichen peacemaking-, peacekeeping- und humanitären Einsätze wurden vielmehr von der NATO, z.B. durch IFOR/SFOR Einsätze in Bosnien, und durch multinationale Koalitionen unter der Führung eines Staates, z.B. der USA im Persischen Golf oder Italiens in Albanien, durchgeführt. Die Entsendung von Polizeikontingenten nach Mostar und Albanien kann zumindest als kleiner Einsatz in der Form

102 Vgl. Warnken, Monja, S. 240.

103 Vgl. Georgantzis, Konstantinos, S. 76.

104 Vgl. ebd., S. 76.

105 Vgl. Warnken, Monja, S. 240f.

106 Vgl. Georgantzis, Konstantinos, S. 78f.

einer peacekeeping- Aktion gewertet werden. Das die WEU nicht bessere Ergebnisse erzielen konnte, lag zu großen Teilen daran, dass der Ministerrat sich nur selten auf eine gemeinsame Position einigen konnte. Die nur kleinen Einsätze der WEU hätten auch von der NATO, multilateralen Koalitionen oder von einzelnen Staaten ebenso wirkungsvoll durchgeführt werden können. Es scheint deshalb so, dass die WEU mit diesen kleinen Einsätzen nur betraut wurde, damit die EU zumindest auf unterster Ebene sicherheitspolitisch präsent sein konnte.[107] Die militärische Bedeutung der WEU ist damit eher gering einzuschätzen. Insgesamt gesehen hat die WEU heute eher eine politische Funktion vor allem im Rahmen der Beistandsgarantie.

---

107 Vgl. ebd., S. 80.

4 Die NATO

4.1 Gründung und Mitglieder der NATO

Durch die Niederlage Deutschlands im Zweiten Weltkrieg entstand in Mitteleuropa ein Vakuum, das die Sowjetunion zu seiner expansiven Politik nutzte. Die Sowjetunion dehnte durch ihre Machtergreifung in den osteuropäischen Ländern ihren Machtbereich bis in die Mitte Deutschlands aus. Damit waren die westlichen Vorstellungen von der Errichtung freier Demokratien in Osteuropa, die auf dem Fundament der Charta der Vereinten Nationen standen, nicht mehr umsetzbar.[108] Mit der Unterzeichnung des Washingtoner Vertrages am 4. April 1949 riefen deshalb 12 Länder die North Atlantic Treaty Organisation (NATO) ins Leben.[109] Den Washingtoner Vertrag vom 4. April 1949 unterzeichneten Großbritannien, Frankreich, Belgien, Niederlande, Luxemburg, Norwegen, Dänemark, Island, Portugal, Italien, Kanada und die USA.[110] Die NATO wurde als eine Wertegemeinschaft freier demokratischer Staaten, die sich zur Wahrung des Friedens und zum Schutz von Demokratie und Menschenrechten zusammengeschlossen haben, gegründet. Die Präambel des Nordatlantikvertrags beschreibt das Wesen und die Ziele des Bündnisses immer noch am genausten. In ihr heißt es: *„Die Parteien des Vertrages bekräftigen erneut ihren Glauben an die Ziele und Grundsätze der Satzung der Vereinten Nationen und ihren Wunsch, mit allen Völkern und allen Regierungen in Frieden zu leben. Sie sind entschlossen, die Freiheit, das gemeinsame Erbe und die Zivilisation ihrer Völker, die auf den Grundsätzen der Demokratie, der Freiheit der Person und der Herrschaft des Rechts beruhen, zu gewährleisten. Sie sind bestrebt, die innere Festigkeit und das Wohlergehen im nordatlantischen Gebiet zu fördern. Sie sind entschlossen, ihre Bemühungen für die gemeinsame Verteidigung und für die Erhaltung des Friedens und der Sicherheit zu vereinigen. Sie vereinbaren daher diesen Nordatlantikvertrag."*[111] Die Vertragsparteien verpflichten sich in diesem Vertrag, ihre Streitigkeiten mit friedlichen Mitteln beizulegen und sich in ihren internationalen Beziehungen jeder Androhung oder Anwendung von Gewalt zu enthalten. Wenn die Unversehrtheit des Hoheitsgebietes, die politische Unabhängigkeit oder die Sicherheit eines Mitgliedslandes bedroht wird, dann werden sich die Partner laut Washingtoner Vertrag bera-

---

108 Vgl. Weber, Bernd, S.44.

109 Vgl. Hochleitner, Erich P., S. 271.

110 Vgl. Varwick / Woyke, S. 66.

111 Vgl. Presse- und Informationsdienst der Bundesregierung, Die neue NATO, Berlin 1999, S. 8.

ten und gegebenenfalls politische, wirtschaftliche oder militärische Maßnahmen beschließen, um die Gefahr zu beseitigen. Ein bewaffneter Angriff gegen eines der Mitgliedsländer wird nach der Beistandspflicht aus Artikel 5 des Washingtoner Vertrages als Angriff auf alle übrigen Mitglieder betrachtet. In Übereinstimmung mit dem Selbstverteidigungsrecht nach Artikel 51 der Charta der Vereinten Nationen werden sich die Mitglieder nach einem Angriff gegenseitig Beistand leisten.[112] Durch den 1952 erfolgten Beitritt Griechenlands und der Türkei erweiterte sich dann das Bündnis zum ersten Mal. Im Mai 1955 wurde dann auch die Bundesrepublik Deutschland NATO-Mitglied. Erst 1982 kam es dann zur weiteren Erweiterung der NATO durch den Beitritt Spaniens. Die vierte Erweiterung brachte dann 1999 den NATO-Beitritt von Polen, Tschechien und Ungarn.[113] Am 29. März 2004 traten mit Estland, Lettland, Litauen, Bulgarien, Rumänien, die Slowakei und Slowenien 7 weitere Mitglieder der NATO bei. Am 1. April 2009 wurden auch Kroatien und Albanien in die NATO aufgenommen. Der NATO gehören damit heute 28 Mitglieder an. [114] (siehe Abb. 5)

---

112 Vgl. ebd. S. 9.

113 Vgl. Varwick / Woyke, S. 66f.

114 Vgl. http://www.nato.int/cps/en/natolive/nato_countries.htm vom 30.10.2009.

Abbildung 5: Die Mitglieder der NATO

Quelle: http://www.nato.int/icons/map/b-map.jpg vom 08.06.2007.

Seit 1999 konnten damit 12 Mittel- und Osteuropäische Staaten erfolgreich integriert werden.

Die Beistandspflicht hielt die NATO-Mitglieder ein halbes Jahrhundert zusammen. Nach dem Ende des Ost-West-Konflikts ist die ursprüngliche Kernfunktion der NATO um neue Auf-gaben ergänzt worden. Im Jahre 1991 wurde der Dialog und die Partnerschaft mit den ehemaligen Gegnern begonnen. Auf dem Washingtoner Gipfel von 1999 kamen auch die Konfliktverhütung und die aktive Krisenbewältigung außerhalb des Bündnisgebietes als neue Aufgabe hinzu. Mit dieser neuen Aufgaben will die NATO versuchen, die Sicherheit und die Stabilität im euro-atlantischen Raum zu erhöhen.[115]

115 Vgl. Presse- und Informationsamt der Bundesregierung, Die Neue NATO, S. 9.

4.2 Die politische und militärische Struktur der NATO

Die politische und militärische Struktur des Bündnisses hat sich in seiner Gründungsphase herausgebildet. Die NATO besitzt eine politische und eine militärische Organisation. Jeder Signatarstaat ist Mitglied der politischen Organisation, aber nicht verpflichtend auch Mitglied der militärischen Organisation. Die NATO-Staaten Frankreich, Spanien und Island sind z.B. nicht ganz an die militärischen Organisation des Bündnisses angegliedert.[116] Das politische Hauptquartier der NATO, der ständige Sitz des Nordatlantikrats und der ständigen Vertreter der Bündnismitglieder ist in Brüssel. Der Generalsekretär, der Internationale Stab, der Militärausschuss, der Internationale Militärstab und die weiteren NATO-Behörden haben auch alle ihren Sitz in Brüssel.

Das höchste politische Gremium der Allianz ist der *Nordatlantikrat*. Er ist das Forum für Konsultation und Entscheidungen der Mitgliedsregierungen über alle Fragen, die ihre Sicherheit berühren.[117] Er stellt das wichtigste Entscheidungsgremium der NATO dar.[118] Der Nordatlantikrat bildet ein Forum für politische Beratungen und die Koordination zwischen den Mitgliedsländern.[119] Er ist mit großer politischer Entscheidungsbefugnis ausgestattet worden und tagt auf der Ebene der Staats- und Regierungschefs, der Außen- und Verteidigungsminister oder der Ständigen Vertreter.[120]

Die ständigen Vertreter tagen als *Ständiger Rat* mindestens einmal wöchentlich. Den stän-digen Vertretern stehen dabei nationale Delegationen zur Seite, die ihr Land in den NATO-Ausschüssen vertreten.[121] Die Beschlüsse des Nordatlantikrates und aller anderen politischen Gremien müssen nach dem Konsensprinzip einstimmig getroffen werden.[122] In Abbildung 6 ist die genaue Organisationsstruktur der NATO zu sehen.

---

116 Vgl. Varwick / Woyke, S. 69.

117 Vgl. Presse- und Informationsdienst der Bundesregierung, Die neue NATO, S. 11.

118 Vgl. Hochleitner, Erich P., S. 288.

119 Vgl. Weber, Bernd, S. 46.

120 Vgl. Varwick / Woyke, S. 73.

121 Vgl. Weber, Bernd, S. 46.

122 Vgl. Presse- und Informationsdienst der Bundesregierung, Die neue NATO, S. 11.

Abbildung 6: Die Organisationsstruktur der NATO

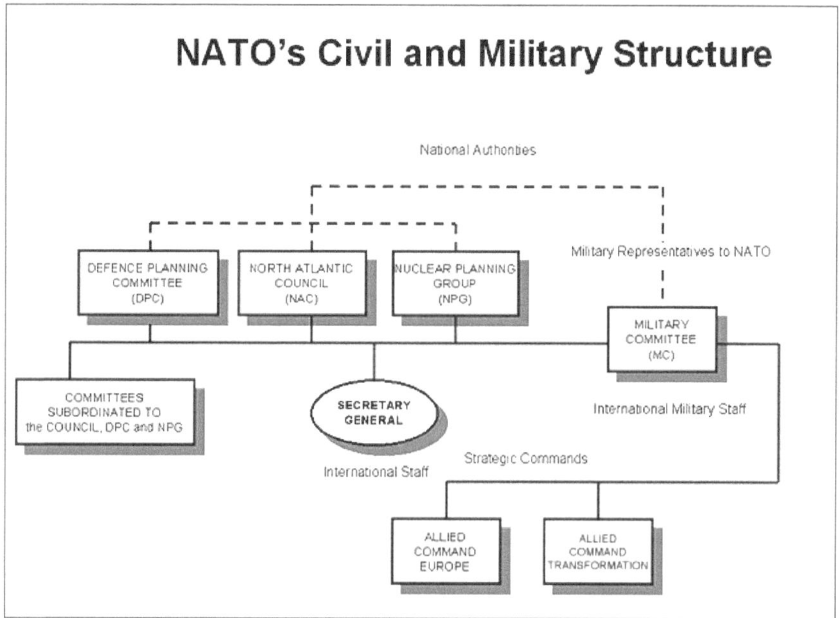

Quelle: http://www.nato.int/docu/handbook/2001/hb070101.htm vom 08.06.2007.

Die Verteidigungsminister der Mitgliedstaaten bilden den *Ausschuss für die Verteidigungsplanung* und die *Nukleare Planungsgruppe*. Der Verteidigungsplanungsausschuss berät über Fragen aus dem Bereich der kollektiven Verteidigungsplanung. Er steht den Militärbehörden der NATO für Informationen außerdem jederzeit bereit. Er hat in seinem Verantwortungsbereich dieselben Aufgaben und Befugnisse wie der NATO-Rat.[123] Die Nukleare Planungsgruppe hingegen ist das wichtigste Forum der NATO bei Konsultation über alle Fragen der nuklearen Sicherheits- und Verteidigungspolitik des Bündnisses.[124]

Viele weitere *Ausschüsse* beraten und unterstützten dann den NATO-Rat, den Ausschuss für Verteidigungsplanung und die Nukleare Planungsgruppe. Die Ausschüsse befassen sich vorrangig mit politischen Fragen wie dem Haushalt, der Verteidigungserhebung, Wirtschaft, Umwelt, konventionelle Abrüstung, Investition, Wissenschaft, Fern-

---

123 Vgl. Varwick / Woyke, S. 73.

124 Vgl. Presse- und Informationsdienst der Bundesregierung, Die neue NATO, S. 11.

meldewesen, ziviler Verteidigung und weiteren Fragen von gemeinsamen Sicherheitsinteressen.[125]

Das Exekutivorgan der NATO ist das Generalsekretariat mit dem *Generalsekretär* an der obersten Stelle.[126] Der NATO-Generalsekretär ist Vorsitzender des Nordatlantikrats, des Ausschusses für Verteidigungsplanung, der Nuklearen Planungsgruppe und weiterer hochrangiger Ausschüsse.[127] Er wird den Mitgliedsstaaten für die Dauer von 2 Jahren gewählt. Der Generalsekretär ist Sprecher der Allianz nach außen und für die Beziehungen zwischen den Mitgliedsländern zuständig. Er kann damit den Prozess der Konsultation und Entscheidung im Bündnis steuern.[128]

Seit 1966 stellt der *Militärausschuss* die höchste militärische Instanz des Bündnisses dar. Ihm gehören die Generalstabschefs aller Mitgliedsstaaten an. Der Militärausschuss ist das wichtigste militärische Beratungsorgan des Generalsekretärs, des Nordatlantikrates, des Verteidigungsplanungsausschusses und der Nuklearen Gruppe. Er schlägt ihnen militärische Maßnahmen zur Sicherheit und Verteidigung vor und wandelt politische Entscheidungen in militärische Weisungen an die NATO-Hauptquartiere um.[129]

Zur Umsetzung der Politik des Militärausschusses wurde ein Integrierter Internationaler *Militärstab* (IMS) gebildet, dieser kann auch selbst Pläne ausarbeiten, Untersuchungen durchführen und Empfehlungen in militärischen Fragen aussprechen. Dieser besteht aus ca. 150 Offizieren 150 Unteroffizieren, Mannschaften und 100 Zivilisten.[130]

Im Zuge ihrer Anpassung an das veränderte Sicherheitsumfeld hat die NATO 1999 eine neue *militärische Kommandostruktur* festgelegt. Sie ist seitdem funktionaler ausgelegt und soll der Allianz eher helfen, ihr neues Aufgabenspektrum, was von der kollektiven Verteidigung bis hin zum Krisenmanagement im euro-atlantischen Raum reicht, zu erfüllen.[131] In ihr findet auch die neue Europäische Sicherheits- und Verteidigungsidentität (ESVI) mehr Beachtung. Außerdem wurde in ihr die Zusammenarbeit mit dem Partnerstaaten der NATO bedacht

---

125 Vgl. ebd., S. 12.

126 Vgl. Varwick / Woyke, S. 75.

127 Vgl. Hochleitner, Erich P., S. 289.

128 Vgl. Presse- und Informationsdienst der Bundesregierung, Die neue NATO, S. 12.

129 Vgl. ebd., S. 13.

130 Vgl. Varwick / Woyke, S. 79.

131 Vgl. Presse- und Informationsdienst der Bundesregierung, Die neue NATO, S. 13.

und die Voraussetzungen für die Aufnahme weiterer Mitglieder geschaffen. Die 1999 neu aufgenommenen Mitglieder Polen, die Tschechische Republik und Ungarn sind in die neue Kommandostruktur schon voll eingebunden. Durch die neue Kommandostruktur wurde die Zahl der Hauptquartiere von vorher 65 auf nun 20 verringert.

Das NATO Vertragsgebiet, das die Territorien der 28 Mitgliedsstaaten sowie den Atlantik bis zum Wendekreis des Krebses umfasst, wurde durch die Reform nun in zwei Strategische Kommandobereiche (Strategic Commands) gegliedert. Das erste war das Strategische Kommando Atlantik in Norfolk, das in den USA liegt, und das Strategische Kommando Europa in Mons, das in Belgien liegt.[132] Den Strategischen Kommandos unterstehen dann weitere Regionalkommandos (Regional Commands), in Europa gibt es z. B. das Regionalkommando Nord in Brunssum und das Regionalkommando Süd in Neapel. Die Regionalkommandos führen dann noch weitere Kommandos auf subregionaler Ebene aus.[133]

4.3 Europäisierung der NATO

Das Engagement der USA für Europa innerhalb der NATO stellte Ende der vierziger Jahre einen historischen Bruch mit der eher zurückhaltenden Position der USA gegenüber langfristigen Bündnissen dar. Im Kalten Krieg gab die Mitgliedschaft der Führungsmacht USA der Allianz ihr politisches Gewicht.[134] Die Mitgliedschaft der USA in der NATO bedeutete für Europa im Kalten Krieg und bis heute den Luxus, sich jederzeit auf einem amerikanischen Schutzschirm verlassen zu können. Nur durch die amerikanische Stärke und die militärische Entschlossenheit der USA war es für Europa möglich, die europäische Integration zu initiieren.

Durch die amerikanischen Sicherheitsgarantien innerhalb der NATO war es für die Europäer letztendlich möglich, sich fast ausschließlich auf die wirtschaftliche und politische Integration ihres Landes zu konzentrieren.[135] Nach dem Ende des Ost-West Konfliktes und der damit nicht mehr akuten Bedrohung durch die Sowjetunion verlor die amerikanische Nukleargarantie für Europa aber wesentlich an Bedeu-

---

132 Vgl. ebd., S. 14.

133 Vgl. ebd., S. 15.

134 Vgl. Hochleitner, Erich P., S.278.

135 Vgl. Volle, Angelika, Weidenfeld, Werner, Europäische Sicherheitspolitik in der Bewährung, Bielefeld 2000, S. 32f.

tung. Aufgrund dieser neuen internationalen Situation mussten die USA und Europa ein neues Verhältnis zueinander finden. Dieser Prozess fiel mit der Revitalisierung des europäischen Integrationsprozesses zusammen. In dieser Situation stellte sich die Frage, inwieweit die WEU und die EU Aufgaben übernehmen konnte, die bisher die NATO wahrgenommen hatte.

Die USA erkannte zunehmend immer mehr, dass eine stärkere Eigenständigkeit der Europäer keine Schwächung der NATO mit sich ziehen musste.[136] Trotzdem war das Verhältnis zwischen der EU und der NATO lange Zeit von Konkurrenz geprägt. Die USA sah sich in der NATO in einem Zwiespalt. Auf der einen Seite forderte die USA seit Gründung der NATO ein stärkeres Engagement der Westeuropäer in Sicherheitsbelangen, aber auf der anderen Seite befürchteten sie, dass dadurch die Umsetzung dieses Wunsches in naher Zukunft amerikanische Interessen gefährdet würden. Die USA wollte also „eine Entlastung und keine Entmachtung".[137] Erst auf der Brüsseler Ministerratstagung des Nordatlantikrates im Dezember 1992 zeigten sich erste Tendenzen für die Stärkung der Europäer. Auf dem Brüsseler NATO-Gipfel von 1994 wurde dann der Aufbau einer Europäischen Sicherheits- und Verteidigungspolitik (EVSI) beschlossen. Durch diese Regelung wurde den Europäern mehr Verantwortung für ihre Sicherheit zugestanden.[138]

Bei den NATO-Ministerratstreffen im Juni 1996 wurde dann festgelegt, dass die EVSI innerhalb der NATO und unter Nutzung des institutionellen Rahmens der WEU aufgebaut werden sollte. Der WEU wurde im Wege des CJTF- Konzeptes sogar zugestanden, dass sie NATO- Kapazitäten für Operationen unter ihrer Führung zur Verfügung gestellt bekommt.[139] Mit dem CJTF-Konzept sollen die Europäer bei einem amerikanischen Veto dort eingreifen können, wo die USA keine Interessen hat.[140] Das Combined Joint Task Forces (CJTF) Konzept lässt sich folgendermaßen beschreiben: Das erste Wort Combined könnte man als multinational oder streitkräfteübergreifend verstehen.[141] Das zweite Wort Joint stellt auf die Möglichkeit der gemeinsamen Nutzung der Streitkräfte durch die NATO und die WEU ab.[142] Die Task Forces sind dann letztendlich für eine bestimmte Aufgabe

---

136 Vgl. Varwick / Woyke, S. 127.

137 Vgl. ebd., S. 128.

138 Vgl. Hochleitner, Erich P., S. 321f.

139 Vgl. ebd., S. 322.

140 Vgl. Varwick / Woyke, S. 130.

141 Vgl. ebd., S. 93.

142 Vgl. ebd., S. 136.

speziell zusammen-gesetzte Einheiten.[143] Seit Mitte 1997 liegt ein konkret ausgeformtes CJTF-Konzept vor, dass drei genaue Einsatzformen von der NATO und der WEU definiert. Danach kann es als erstes reine NATO-Einsätze geben, als zweites NATO-Einsätze und die CJTF mit Beteiligung von Nicht-NATO-Staaten, z.B. IFOR und SFOR- Einsätze, und als drittes einen CJTF-Einsatz unter der Führung der WEU. Ein CJTF- Einsatz unter Führung der WEU würde aber eine einstimmige Entscheidung des Nordatlantikrates benötigen. Für einen Einsatz im Rahmen eines CJTF-Konzeptes ist also immer die Zustimmung der USA notwendig. Die USA wollten damit mit dem CJTF-Konzept der NATO zwar Europa eine militärische Hilfestellung anbieten, aber letztendlich nicht dazu beitragen, dass es in Europa eigenständige Entwicklungen im Sicherheitsbereich gibt.[144]

Die 11 NATO-Mitglieder der EU brachten in den Vertrag von Amsterdam von 1997 zum Ausdruck, dass eine völlig von der NATO abgekoppelte europäische Verteidigungspolitik weder sinnvoll noch realisierbar ist. Die Europäisierung der NATO ist trotzdem schon sehr weit fortgeschritten. Dies zeigt sich daran, dass bereits 75 Prozent aller wichtigen militärischen Positionen von Europäern bekleidet werden, im Supreme Headquarters Allied Powers Europe (SHAPE) der NATO ist ein europäischer Vier-Stern-General Oberbefehls-haber geworden und im Supreme Allied Commander, Europe (SACEUR) ist ein stellvertretender europäischer Befehlshaber eingesetzt worden. Dazu kommt noch, dass momentan mehr deutsche und britische als amerikanische Generäle im SHAPE ihren Dienst ableisten und dass die Position des stellvertretenden Leiters des militärischen Geheimdienstes von einem Europäer bekleidet wird.[145]

Auch das strategische Konzept der NATO vom April 1999 bestätigte, dass die Entwicklung der Europäischen Sicherheits- und Verteidigungspolitik weiter fortgesetzt werden sollte. In der EVSI sollen letztendlich die Europäer politisch und militärisch in die Lage versetzt werden, im Rahmen einer transatlantischen Verantwortungsteilung Verantwortung für europäische Krisenmanagementoperationen zu übernehmen.[146] Da die EU nun anstatt der WEU die Petersberg-Aufgaben ausführen wollte, mussten die Vereinbarungen von 1996 an diese neue Situation angepasst werden. Außerdem wurden weitergehende Vereinbarungen für einen „gesicherten EU-Rückgriff auf Planungskapazitäten der NATO für EU-Einsätze" und der Grundsatz der

---

143 Vgl. ebd., S. 93.

144 Vgl. ebd. S. 137.

145 Vgl. Hochleitner, Erich P., S. 322.

146 Vgl. Ebd., S. 323.

„Annahme der Verfügbarkeit für die EU von vorher identifizierten NATO-Fähigkeiten und gemeinsamen Mitteln zur Nutzung in EU-geführten Operationen" festgelegt. Diese neuen Regelungen wurden als „Berlin-plus"-Vereinbarungen bezeichnet.[147] Die NATO bleibt aber dabei die Grundlage der kollektiven Verteidigung im Rahmen des Nordatlantikvertrages.[148] In Folge des Kölner EU-Gipfels von 1999 wurde die EU durch die Verschmelzung mit der WEU Ende 2000 gestärkt. Es bleibt abzuwarten, ob sich in Zukunft komplementäre Beziehungen zur NATO durchsetzten werden.[149]

Je stärker die amerikanische Hegemonialpolitik in Europa aber wird, desto wahrscheinlicher ist es, dass sich Gegenmachtbildungsprozesse herausbilden.[150] Da die EU aber nach wie vor über unzureichende militärische Kapazitäten verfügt, scheint es so, dass sich die Amerikaner mit den negativen Erfahrungen mit der militärischen Rolle der EU im Kosovokrieg und mit der sich radikal veränderten Bedrohungslage seit dem 11. September 2001 in der USA im Kopf, nicht mehr mit den Europäern auf eine Stufe stellen wollen.[151]

Obwohl die Türkei die „Berlin-Plus"-Vereinbarungen lange blockierte, konnten am 16.12.2002 die Bestimmungen von Nizza zu den „Berlin-Plus"-Vereinbarungen ratifiziert werden. Diese Einigung öffnete dann endgültig den Weg für eine strategische Partnerschaft zwischen der EU und der NATO im Bereich der Krisenbewältigung.[152] Weiterhin wurde der EU gestattet Planungs- und Logistikkapazitäten der NATO in diesem Bereich zu nutzen.[153] Allerdings ist das „Berlin-Plus"-Abkommen ein unverbindliches Abkommen.[154] Da aber die NATO ihre globale Rolle und den Kampf gegen asymmetrische Bedrohungen verstärken will, ist es für die NATO sehr wichtig, dass die EU in ihrer Peripherie selbst für Sicherheit und Stabilität sorgen kann. Erst wenn sich die NATO der Stärke der EU sicher sein kann, kann sie

---

147 Vgl. Gnesotto, Nicole, Die Sicherheits- und Verteidigungspolitik der EU: die ersten fünf Jahre (1999 - 2004), Inst. für Sicherheitsstudien der Europäischen Union, Paris 2004, S. 162.

148 Vgl. Varwick / Woyke, S. 139.

149 Vgl. ebd., S. 139.

150 Vgl. Walser-Meier, C. Reinhard, Die Zukunft der NATO. München 2002, S. 76.

151 Vgl. ebd., S. 109.

152 Vgl. Gnesotto, Nicole, S. 166.

153 Vgl. Hauser, Gunther, Das europäische Sicherheits- und Verteidigungssystem und seine Akteure, BMLV, Wien 2006, S. 34.

154 Vgl. Pinka, Daniel, NATO und EU: gemeinsames Krisenmanagement, Wien 2005, S. 58.

Operationen außerhalb Europas in Angriff nehmen. Dass die NATO schon teilweise der EU vertraut und ihre neue Rolle ausfüllen will, zeigte die erste „out of area“-„peace-keeping-mission“ der NATO am 11. August 2003 in Afghanistan.[155] Durch die tatsächliche NATO-Unterstützung der EU-Operation Concordia in Mazedonien hat die NATO bewiesen, dass sie sich an die „Berlin-Plus-Vereinbarungen hält.[156]

Obwohl auch die Vereinbarung von 2002 eine gewisse Annäherung zwischen der EU und der NATO erkennen lässt, zeigt die im November 2002 beschlossene Schaffung einer schnellen Eingreiftruppe der NATO eher konkurrierende Tendenzen auf. Die NATO Responce Force (NRF) soll vollständige Luft- und Seeunterstützung bekommen, etwa 21.000 Mann umfassen und innerhalb von 7-30 Tagen zu einen Kampfeinsatz weltweit einsatzfähig sein. Die NRF ist nahezu identisch mit der Rapid Reaction Force (RRF), die von der EU 1999 geplant wurde. Da aber die NRF und die RRF in Europa nur auf einen begrenzten Pool an verlegefähigen Streitkräften zurückgreifen kann, stellt sich die Frage, welche Truppe den Vorrang hat. Falls es in diesem Punkt keine Einigung gibt, muss die Mehrheit der fähigsten Truppen der Union „zwei Hüte“ tragen.[157]

Für die Europäer hat die NATO-Mitgliedschaft heutzutage insgesamt noch eine Menge von Vorteilen. Durch die NATO-Mitgliedschaft haben die Europäer zum einen die Möglichkeit Einfluss auf die US-Entscheidungsfindung zu nehmen und den Schutz des amerikanischen Nuklearschirms zu erhalten. Bei einem Angriff auf Europa haben sie die Garantie des amerikanischen Eingreifens zur Wiederbefreiung. Außerdem erfolgt durch die NATO eine Multiplikation von konventionellen Fähigkeiten im Krisenmanagement der Europäer und eine Beteiligung an der weltweiten Aufklärungs- und Projektionsfähigkeit.[158] Für die Zukunft der NATO wird es also sehr wichtig sein, ob die stärkere sicherheits- und verteidigungspolitische Eigenständigkeit der Europäer mit den Zielen der Atlantischen Allianz in Einklang gebracht werden kann. Noch gilt der Satz: „Die NATO verkörpert die lebenswichtige Partnerschaft zwischen Europa und Nordamerika.“[159]

---

155 Vgl. ebd., S. 59.

156 Vgl. ebd., S. 60.

157 Vgl. Gnesotto, Nicole, S. 168f.

158 Vgl. Hars, Henning, NATO zwischen 11. September und Prager Gipfel, Bremen 2002, S. 15f.

159 Vgl. Bundeszentrale für politische Bildung, Internationale Beziehungen II: Frieden und Sicherheit zu Beginn des 21. Jahrhunderts, Bonn 2002, S. 21.

4.4 Osterweiterung der NATO nach dem Ende des Ost-West-Konfliktes

Der Zusammenbruch des kommunistischen Machtsystems machte eine Neuordnung der politischen Landschaft Europas notwendig.[160] Die Staaten in Mittel- und Osteuropa waren nun nicht mehr in den Ostblock eingebunden. Sie suchten nach neuen politischen, ökonomischen und gesellschaftlichen Ordnungsformen und nach einer neuen Rolle in der internationalen Politik. Es entwickelte sich daher sehr schnell eine Kooperation zwischen den ehemaligen Staaten des Warschauer Paktes und der NATO.

Die NATO musste in dieser Situation recht schnell Antworten auf die Kooperationsanfragen aus den Mittel- und Osteuropäischen Staaten finden und über die zukünftige Rolle der im europäischen Raum befindlichen Staaten entscheiden.[161] In der Londoner und in der Pariser Erklärung der NATO von 1990 bot die Allianz bereits ihren ehemaligen Gegnern die Hand der Versöhnung.[162] Es wurde daraufhin immer deutlicher, dass die mitteleuropäischen Staaten Polen, Ungarn und die Tschechoslowakei kein Interesse daran hatten, ihr Sicherheitsproblem durch eine regionale Lösung zu beheben. Diese eindeutigen Beitrittsbekundungen, die gerade auch von dem tschechoslowakischen Präsidenten Havel 1991 geäußert wurden, brachten die NATO in eine schwierige Situation. Der Transformationsprozess zur Demokratie und Rechtsstaatlichkeit war in diesen Ländern noch lange nicht abgeschlossen und die Zustimmung Russlands zu diesen möglichen Beitritten war noch sehr ungewiss. Der ehemalige NATO-Generalsekretär Manfred Wörner versucht deshalb mit bilateralen Beziehungen die mittel- und osteuropäischen Staaten zu beruhigen. Das Liaison-Konzept von Mai 1991 machte dies weiter sichtbar, da die NATO diese Staaten zwar schon an sich anband, aber sie noch nicht endgültig in das Atlantische Bündnis aufnahm.[163] Im Strategischen Konzept der NATO, das am 7. und 8. November 1991 in Rom verabschiedet wurde, fand eine Vereinbarung statt, die festlegte, dass neben der kollektiven Verteidigung der Dialog und die Kooperation mit den ehemaligen Gegnern die neue Kernaufgabe der Allianz darstellte.[164]

---

160 Vgl. Presse- und Informationsdienst der Bundesregierung, Die neue NATO, S. 17.

161 Vgl. Varwick / Woyke, S. 99.

162 Vgl. Presse- und Informationsdienst der Bundesregierung, Die neue NATO, S. 19.

163 Vgl. Varwick / Woyke, S, 100.

164 Vgl. Presse- und Informationsdienst der Bundesregierung, Die neue NATO, S. 19.

Damit schienen die Beitrittsbegehren der Mittel- und Osteuropäischen Staaten zunächst abgewiesen zu sein.

Mit dem Brüsseler Treffen der Außenminister der NATO-Länder, wo die Kollegen aus dem ehemaligen Warschauer-Pakt-Staaten zu der ersten Sitzung des kurz zuvor gegründeten *Nordatlantischen Kooperationsrates (NAKR)* fünf Tage vor der Auflösung der Sowjetunion am 20. Dezember 1991 zusammenkamen, begann eine neue Ära in der NATO.[165] Nach dem Zusammenbruch der Sowjetunion machte die NATO verstärkt darauf aufmerksam, dass ihre Sicherheit untrennbar mit der Sicherheit der neuen Demokratien in Mittel- und Osteuropa zusammenhängt. Die USA hielt im Dezember 1991 die Gründung des NAKR für notwendig, da mit ihm die Möglichkeit bestand, dass die NATO-Staaten und die Staaten Mittel- und Osteuropas sowie die Sowjetunion in einen sicherheitspolitischen Dialog treten konnten. Dieser Dialog sollte die Vertrauensbildung über die bisherigen Blöcke hinweg fördern. Durch den NAKR wurden die Kooperation und Konsultation in Sicherheitsfragen institutionalisiert. Der NAKR setzte sich aus den Außenministern der 16 NATO- Staaten sowie aus 25 Staaten Mittel- und Osteuropas, den drei baltischen Staaten sowie Russlands zusammen.[166]

Nach der Gründung der Gemeinschaft Unabhängiger Staaten (GUS) in der ehemaligen Sowjetunion wurde die Mitgliedschaft des NAKR auf das gesamte Territorium der GUS ausgedehnt. Im April 1992 trat dann Georgien und im Juni 1992 Albanien den NAKR bei. Seit der NAKR-Tagung von 1992 in Oslo ist Finnland den NAKR als Beobachter beigetreten. Das NAKR trat bisher regelmäßig mindestens einmal pro Halbjahr oder nach Bedarf zusammen.[167] Der NATO-Kooperationsrat konnte aber die Erwartungen einiger „Liaison-Staaten" nach Sicherheitsgarantien nicht erfüllen. Die MOE-Staaten waren von diesem Konzept enttäuscht und sie sahen sich immer noch durch die jetzt bestehende Sowjetunion im Form der GUS latent bedroht. Der NATO-Generalsekretär Manfred Wörner machte deshalb im Oktober 1993 die mitteleuropäischen Staaten darauf aufmerksam, dass eine Mitgliedschaft dieser Staaten nur im Einklang mit den Sicherheitsinteressen Russlands möglich sei.[168] Noch auf der NATO-Ratstagung im Oktober 1993 in Travemünde machte auch die USA deutlich, dass sie auf absehbare Zeit eine Osterweiterung nicht wünschte. Der US-Verteidigungsminister Les Aspin schlug diesen Staaten deshalb das Kon-

165 Vgl. Hochleitner, Erich P., S. 292.

166 Vgl. Varwick / Woyke, S. 101.

167 Vgl. Hochleitner, Erich P., S. 293.

168 Vgl. Varwick / Woyke, S. 101.

zept der *„Partnerschaft für den Frieden" (PfP)* als Alternative vor. Am 10.01.1994 wurde daraufhin die Initiative der Partnerschaft für den Frieden ins Leben gerufen. Dieser schlossen sich 27 Länder, davon 23 aus Mittel- und Osteuropa, die bündnisfreien Staaten Finnland, Österreich, Schweden sowie die Schweiz an.[169] Mit dem PfP wurde somit ein zweites Element neben den NAKR in den Öffnungsprozess eingebaut. Die PfP konzentriert sich aber im Gegensatz zu den konsultativen NAKR eher auf praktische Aktivitäten im Hinblick auf verteidigungspolitische und militärische Kooperation zwischen den neuen Beitrittsaspiranten und der NATO.[170] Aus diesem Grunde sollten die Mitglieder der Partnerschaft für den Frieden nach ihrem Beitritt in bilateralen Dokumenten der NATO mitteilen, welche Streitkräfte und welche Mittel sie in die Partnerschaft einbringen wollen. Desweiteren sollten sie festlegen, bei welchen Übungen sie in Zukunft teilnehmen wollen.[171] Das PfP sollte also das militärische Personal der Partnerstaaten auf die Zusammenarbeit mit der NATO vorbereiten.[172] Es zielte außerdem auf die Stärkung der Fähigkeiten zur Friedenserhaltung durch eine gemeinsame Planung, Ausbildung und Übungen. Es soll die Interoperabilität zwischen den NATO und den PfP-Staaten verbessern und die Transparenz der Verteidigungsplanungen, der Haushalte und der demokratischen Kontrolle der Streitkräfte erhöhen.[173] Das Ziel der PfP war somit die Ausweitung der Stabilität nach Mittel- und Osteuropa durch den Aufbau einer Sicherheitspartnerschaft. Diese Sicherheitspartnerschaft schloss aber immer noch keine Mitgliedschaft in der NATO ein und bot den Partnerstaaten noch keine Beistandspflicht der NATO.[174] Die Partnerschaft für den Frieden sollte vielmehr den neuen Demokratien in Mittel- und Osteuropa das Gefühl vermitteln, dass die NATO ihre Reformen unterstützt und ihre sicherheitspolitischen Bedenken wahr nahm.[175] Russland weigerte sich bis Dezember 1994 das Partnerschaftsabkommen zu unterzeichnen und stimmte erst im Mai 1995 einem Dokument zu, dass noch über das Programm zur Partnerschaft für den Frieden hinausging.[176] Für die MOE-Staaten stellte die Partnerschaft für den Frieden zwar ein kleiner Fortschritt dar, aber durch sie gelang noch nicht die Umset-

---

169 Vgl. Weber, Bernd, S. 48.

170 Vgl. Hochleitner, Erich P., S. 295.

171 Vgl. Varwick /Woyke, S. 103.

172 Vgl. Presse- und Informationsdienst der Bundesregierung, Die neue NATO, S. 38.

173 Vgl. Weber, Bernd S. 48f.

174 Vgl. ebd., S. 48.

175 Vgl. ebd., S. 102.

176 Vgl. Varwick / Woyke, S. 103.

zung ihres Beitrittswunsches. Durch die enttäuschende Rolle der KSZE in den europäischen Konflikten nach 1990, z.B. in Jugoslawien, wurde die Osterweiterung der NATO wieder ins Gespräch gebracht. Auf dem Brüsseler Treffen der Staats- und Regierungschefs wurde deshalb im Januar 1994 eine Empfehlung für die Osterweiterung ausgesprochen.

Auf dieser Konferenz wurde eine *Erweiterungsstudie* in Auftrag gegeben. Sogar US- Präsident Bill Clinton bekräftigte im Juli 1994 die Position der NATO zur Osterweiterung. Das Jahr 1994 bedeutete somit einen qualitativen Wandel der Einstellung des Bündnisses in der Osterweiterungsfrage.[177] Die Erweiterungsstudie von September 1995 diente dann den beitrittswilligen Staaten und der NATO als Richtlinie für die zukünftige Mitgliedschaft.[178] Mit der Erweiterungsstudie ging die Allianz noch einen weiteren Schritt in Richtung Osterweiterung.[179]

Auf der Ministerratstagung der NATO 1996 in Berlin wurde diese Stimmung aufgegriffen und beschlossen die Allianz für neue Mitglieder zu öffnen und eine dauerhafte Partnerschaft mit Russland herzustellen. Im Mai 1997 ging die NATO noch einen weiteren wichtigen Schritt in Richtung Osterweiterung.[180] Der Nordatlantische Kooperationsrat (NAKR) und die Partnerschaft für den Frieden (PfP) hatten sich zwar als Gremien des sicherheitspolitischen Dialogs bewährt, aber die Hoffnungen der Beitrittsstaaten konnten sie nicht erfüllen.

Deshalb wurde auf dem Außenministertreffen der NATO am 30. Mai 1997 in Sintra (Portugal) der *„Euro-Atlantische Partnerschaftsrat" (EAPR)* ins Leben gerufen. Dieser vereinte die Mitgliedsstaaten des NAKR und der PfP, hob die Zusammenarbeit und den Dialog auf ein qualitativ höheres Niveau und bot jenen Staaten, die noch keinen Beitrittsantrag gestellt hatten, eine Perspektive.[181] Dem EAPR gehören die 19 NATO-Staaten, 27 Partnerstaaten, darunter sind alle Mitgliedsstaaten des ehemaligen Warschauer Paktes und der Nachfolgestaaten der Sowjetunion sowie andere OSZE-Staaten an.[182] Er tritt zweimal jährlich auf der Ebene der Außen- und Verteidigungsminister zusammen.[183] Den Vorsitz im EAPR führt der NATO-Generalsekretär.[184]

---

177 Vgl. ebd., S. 104.

178 Vgl. ebd., S. 105.

179 Vgl. ebd., S. 107.

180 Vgl. ebd., S. 113.

181 Vgl. Hochleitner, Erich P., S. 306f.

182 Vgl. Varwick / Woyke, S. 113.

183 Vgl. Weber, S. 49f.

184 Vgl. Varwick / Woyke, S. 113.

Der EAPR schafft damit ein Forum der regelmäßigen politischen Konsultation zwischen der NATO und den Partnerstaaten. Er bildet den „politischen Schirm „für die Umsetzung des Programms der PfP und gleichzeitig „das politische Dach unter dem künftige gemeinsame Operationen von NATO und Nicht-NATO-Staaten koordiniert werden" sollen.[185] Die Kooperationsstrukturen der NATO sind in Abbildung 7 dargestellt.

Abbildung 7: Die Kooperationen der NATO

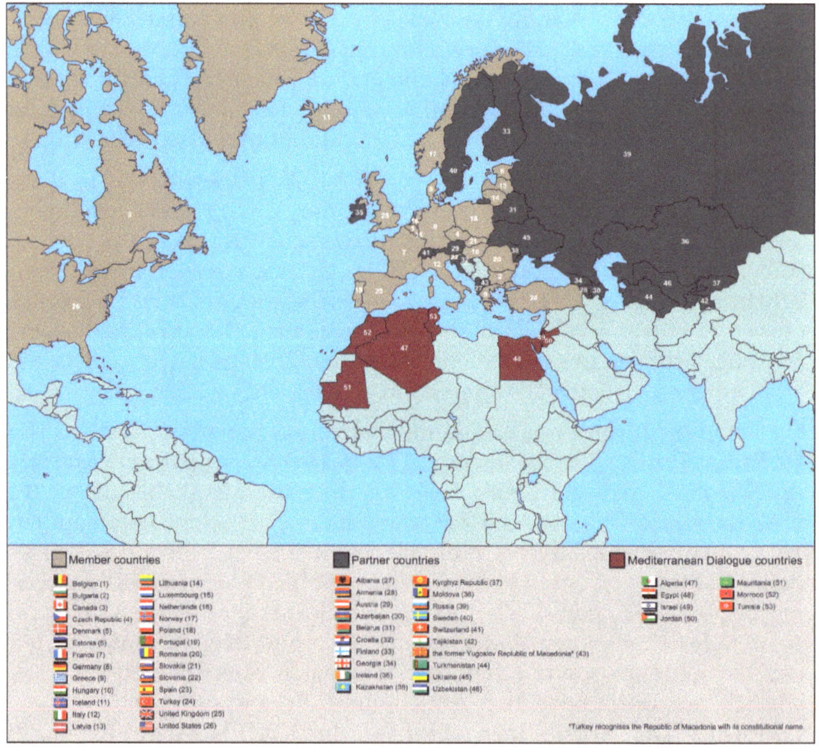

Quelle: http://www.nato.int/icons/map/b-worldmap.jpg vom 08.06.2007.

Allerdings wird unter dem politischen Dach der EAPR die militärische Zusammenarbeit im Rahmen des Programms für Partnerschaft und Frieden eigenständig weitergeführt und vertieft.[186] Die mittel-

---

185 Vgl. Hochleitner, Erich P., S. 307.

186 Vgl. Presse- und Informationsdienst der Bundesregierung, Die neue NATO, S. 37f.

und osteuropäischen Staaten standen den EAPR sehr aufgeschlossen gegenüber, da sie diese Institution erstmalig zur Vorbereitung ihres NATO-Beitritts nutzen konnten.

Auf dem Madrider NATO-Gipfeltreffen am 8. Juli 1997 wurde dann sieben Jahre nach dem Ende des Ost-West-Konfliktes entschieden, die Polen, Tschechien und Ungarn zu *Beitrittsgesprächen* einzuladen.[187] Die Staats- und Regierungschefs bekräftigten außerdem, dass auch für weitere Staaten, besonders für die, die in der Lage sind, die NATO-Grundsätze zu erfüllen, die Möglichkeit eines Beitritts offen stehen sollte. Allerdings fühlten sich besonders Slowenien und Rumänien von dieser amerikanisch und britisch befürworteten Dreierlösung benachteiligt.[188] Bis Dezember 1997 unterzeichneten dann die Außenminister der NATO-Staaten für jedes der drei zukünftigen NATO-Mitglieder ein individuelles „Beitrittsprotokoll".

Mit dieser eindeutigen Entscheidung der NATO-Staaten, ihr Bündnisgebiet nach Osteuropa zu erweitern und die Allianz durch neue Mitglieder zu ergänzen, erreichte die konfliktträchtige Debatte über die Form der zukünftigen Sicherheitsordnung in Europa ihren Höhepunkt und zugleich ihr Ende. Diesem Erfolg gingen aber langjährige Verhandlungen innerhalb der NATO und zwischen der NATO und der Russischen Föderation voraus.[189] Zwischenzeitlich nahmen die Verhandlungen zwischen der NATO und Russland mal dramatische Formen an. Der ehemalige russische Präsident Boris Jelzin sagte im September 1995, dass die Osterweiterung der NATO „die Flamme des Krieges in ganz Europa aufflackern ließe". Die im September 1995 erschiene Erweiterungsstudie der NATO ließ dann aber die politische und militärische Führung Russlands zu dem Eindruck kommen, dass die NATO-Osterweiterung unvermeidlich sein würde. Deshalb versuchten die russischen Verantwortlichen den vermeintlichen oder tatsächlichen Schaden für die russischen Interessen zu begrenzen.[190] Der Russischen Führung gelang es in den darauffolgenden schwierigen Verhandlungen, den Westen einige Konzessionen für ihre Zustimmung zur Osterweiterung abzuschlagen. Darunter fielen die im Mai 1997 erfolgte Anpassung des „Vertrages über die konventionellen Streitkräfte in Europa" (VKSE), die am 28. Februar erfolgte Aufnahme Russlands in den Europarat, die Aufnahme Russlands in den Internationalen Währungsfond, der Weltbank und in die Gruppe der wich-

---

187 Vgl.Ebd., S. 20.

188 Vgl. Varwick / Woyke, S. 115.

189 Vgl. Klein, Paul, Zimmermann, P. Rolf, Aspekte der Osterweiterung der NATO, Baden-Baden 1999, S. 51f.

190 Vgl. ebd., S. 52.

tigsten Industriestaaten, der jetzt so genannten G 8. Außerdem folgten weitere europäische Milliardenkredite an Russland.[191]

Letztendlich gelang es der Allianz, eine *„Grundakte über Gegenseitige Beziehungen, Zusammenarbeit und Sicherheit zwischen der NATO und der Russischen Föderation"* am 27. Mai 1997 in Paris abzuschließen.[192] In der Grundakte betonten die NATO und Russland, dass sie sich beide nicht mehr als Gegner sahen, sondern vielmehr durch ihre Entschlossenheit den Bau eines stabilen, friedlichen und ungeteilten, geeinten und freien Europa vorantreiben wollen.[193] Von der Allianz wurde diese Vereinbarung als Beginn einer neuen Beziehung zwischen der NATO und Russland gesehen.[194] In der Grundakte verpflichten sich die Russische Föderation und die NATO zum Aufbau einer starken, stabilen, dauerhaften und gleichberechtigten Partnerschaft mit dem Ziel, die euro-atlantische Sicherheit zu fördern. Die Vereinbarung regelt außerdem die Mechanismen der Konsultation, der Zusammenarbeit, der gemeinsamen Entscheidungsfindung und des gemeinsamen Handelns. Das bedeutet allerdings nicht, dass der Russischen Föderation ein formelles Mitbestimmungsrecht bei der Entscheidungsfindung für die Sicherheitspolitik der NATO eingeräumt wurde.

Zur Umsetzung der Ziele der Grundakte wurde ein *„Gemeinsamer Ständiger NATO- Russland-Rat"* ins Leben gerufen. Dieser soll zur Bildung von Vertrauen, der Formulierung einheitlicher Ziele, der ständigen Konsultation und Zusammenarbeit zwischen Russland und der NATO beitragen. Er tagt jährlich zweimal auf der Ebene der Außenminister und monatlich auf der Ebene der Botschafter beim Nordatlantikrat.[195] Die NATO gab außerdem an die Russische Föderation auch eine einseitige Erklärung ab, dass sie weder Nuklearwaffen und Depots noch umfangreiche Streitkräftekontingente in die Beitrittsstaaten verlegen will.[196] Aber die NATO versuchte auch mit Russland über die Entsorgung ihrer Waffen, z.B. der vielen verrostenden Atom-U-Boote im Nordmeer, zu verhandeln.[197]

Neben Russland unterzeichnete die Ukraine als zweitgrößter Nachfolgestaat der ehemaligen Sowjetunion im Juli 1997 auf den NATO-

191 Vgl. ebd., S. 54.
192 Vgl. Varwick / Woyke, S. 119.
193 Vgl. Hochkleitner, Erich P., S. 311.
194 Vgl. Klein / Zimmermann, S. 55.
195 Vgl. Varwick / Woyke, S. 119.
196 Vgl. Klein./ Zimmermann. S. 55.
197 Vgl. Hochleitner, Erich P., S. 311.

Gipfeltreffen in Madrid die *„Charta über eine Partnerschaft zwischen der NATO und der Ukraine“*.[198] Die Charta verpflichtet die beiden Unterzeichner zum gegenseitigen Gewaltverzicht und die NATO zur Unterstützung der Ukraine. Die Charta stellte für beiden Seiten einen Erfolg dar, da die Ukraine jetzt wieder genau in die neue Sicherheitsstruktur eingeordnet war und westlichen Staaten ihren europäischen Sicherheitsgürtel bis zum Schwarzen Meer erweitern konnten[199].

Der Osterweiterungsprozess wurde dann durch die *Aufnahme* Polens, Ungarns und der Tschechischen Republik am 12. März 1999 auf dem Washingtoner Gipfel vorangetrieben.[200] Auf dem Gipfel wurde auch ein *Membership Action Plan (MAP)* vorgelegt, der den mittel- und osteuropäischen Staaten helfen sollte, die Beitrittskriterien zu erfüllen.[201] Die NATO ermittelte, dass sich die Kosten der NATO Osterweiterung auf ca. 1,5 Milliarden US-Dollar, die über 10 Jahre verteilt veranschlagt wurden, belaufen werden. Die Finanzierung dieser Aufwendungen übernahmen die 16 alten NATO- Staaten und die drei neuen NATO- Staaten. Der Anteil der neuen Mitglieder wird durch ihre neuen Beiträge beglichen und der Anteil der alten Mitglieder wurde nur durch Umschichtungen des NATO-Budgets finanziert.[202]

Da die Aufnahme weiterer mittel- und osteuropäischer Staaten zur Verbesserung der gesamteuropäischen Sicherheit diente,[203] wurden im Jahre 2004 Estland, Lettland, Litauen, Bulgarien, Rumänien, die Slowakei und Slowenien in die NATO aufgenommen.[204]

Die NATO-Osterweiterung hat aber wie jedes Vorhaben auch Nachteile und Vorteile. Die Nachteile wurden wohl darin gesehen, dass die NATO ihre Schutzversprechen ausdehnen musste, dass ihre Handlungsfähigkeit und die Kohäsion durch noch mehr Interessen gefährdet werden könnte, eine sicherheitspolitische Zweiteilung Europas weiter bestehen würde und dass die neuen Mitglieder nicht in der Lage wären, ihren Sicherheitsbeitrag zu leisten. Die Vorteile schienen aber aus den Gedanken heraus, dass die NATO nicht nur durch ihre Beistandspflicht, sondern auch durch das Bekenntnis zu gemeinsa-

---

198 Vgl. Varwick / Woyke, S. 121.

199 Vgl. ebd., S. 122.

200 Vgl. Presse- und Informationsdienst der Bundesregierung, Die neue NATO, S. 21.

201 Vgl. Varwick / Woyke, S. 116f.

202 Vgl. Hochleitner, Erich P., S. 317.

203 Vgl. Presse- und Informationsdienst der Bundesregierung, Die neue NATO, S. 47.

204 Vgl. http://www.nato.int/docu/update/2004/04-april/e0402a.htm vom 08.06.2007.

men Werten von freien und demokratischen Staaten zusammengehalten wird. Die Mitgliedschaft der neuen NATO- Staaten war auch ein Zeichen der Zugehörigkeit zu einer pluralistischen Staatenwelt im euro-atlantischen Raum.[205] Letztendlich bedeutet die Osterweiterung der NATO aber auch eine Ausweitung des Einflusses der USA.[206]

4.5 Kosovo - Bewährungsprobe für das Bündnis

Der Kosovo-Konflikt stellte die NATO 1998 vor eine vollkommen neue und schwierige Herausforderung. Bereits in der frühen Phase des Konflikts hat die NATO Maßnahmen ergriffen um eine humanitäre Katastrophe abzuwenden und die Resolution des VN-Sicherheitsrates umzusetzen.[207] Die NATO rechtfertigte ihren Einsatz mit der Verhinderung der Ausbreitung des Kosovo-Konflikts auf die Nachbarstaaten Jugoslawiens. Lange Zeit wurde deshalb versucht eine friedliche Lösung für das Kosovo zu finden. Nach dem Scheitern der Verhandlungen von Rambouillet, indem die jugoslawische Führung kein Einlenken zeigte, entschloss sich aber die NATO für eine militärische Operation. [208] Am 24. März 1999 begann die NATO deshalb mit dem angedrohten Luftschlägen gegen die Bundesrepublik Jugoslawien. Die Bombardierung betraf vor allem die militärischen Ziele in Belgrad, Novi Sad und Montenegro.[209] Der Einsatz militärischer Mittel war aus Sicht der NATO zur „ultima ratio" geworden, um schweren Verbrechen gegen die Menschenrechte ein Ende zu setzen und eine Katastrophe zu beenden.[210] Das Bündnis hat sich die Entscheidung für den militärischen Einsatz nicht leicht gemacht. Denn das aus der Souveränität der Staaten abgeleitete Verbot, sich in die inneren Angelegenheiten eines anderen Staates einzumischen, ist wohlbegründet. Doch muss staatliche Souveränität ihre Grenzen in dem völkerrechtlichen Gebot finden, die elementaren Menschenrechte zu gewährleisten und das Selbstbestimmungsrecht der Völker zu achten. Die Menschenrechte sind heute nicht mehr innere Angelegenheiten eines Staates, sondern haben einen universellen Charakter. Die Staatengemein-

---

205 Vgl. Bundeszentrale für politische Bildung, Heft 274, S. 19.

206 Vgl. Varwick /Woyke, S. 124.

207 Vgl. Presse- und Informationsdienst der Bundesregierung, Die neue NATO, S. 58.

208 Vgl. Hochleitner, Erich P., S. 324.

209 Vgl. Varwick / Woyke, S. 158.

210 Vgl. Presse- und Informationsdienst der Bundesregierung, Die neue NATO, S. 58.

schaft hat meiner Meinung nach das Recht, bei schweren Menschenrechtsverletzungen auch humanitäre Interventionen mit militärischen Mitteln durchzuführen.[211] Die NATO musste also so handeln, um schwerste Verbrechen gegen die Menschlichkeit und die Vertreibung einer ganzen Bevölkerungsgruppe zu beenden. Der NATO-Einsatz im Kosovo ist allerdings auch kritisch zu sehen, da er ohne das Mandat des Sicherheitsrates der Vereinten Nationen erfolgte.[212] Der Bertens-Bericht der EU vom 8. April 1994 stellte aber letztendlich fest, dass Zwangsmaßnahmen auch dann durchgeführt werden dürfen, wenn das System der Vereinten Nationen nicht dazu in der Lage ist, wirksam und zeitgerecht zu handeln. Allerdings sollten die Vereinten Nationen die gesetzten Maßnahmen nicht im Nachhinein verurteilen.

In der Resolution 1203 des Sicherheitsrates der Vereinten Nationen wurde dann auch „die ungelöste Situation im Kosovo als eine Bedrohung des Friedens und der Sicherheit der Region" betrachtet.[213] Im Bezug auf den Erfolg der Luftangriffe der NATO kommt man zu der Einschätzung, dass der Einsatz seinen Zweck nur zum Teil erfüllen konnte. Der Einsatz hinterließ in dem ersten „postmodern geführten Krieg" der NATO ca. 1500 getötete Zivilisten, rund 5000 Verletzte und ca. 500 getötete Soldaten. Während der 38 000 Lufteinsätze wurde während des 78-tägigen Luftkrieges ein Schaden von ca. 95 Milliarden Euro hinterlassen.[214] Durch die Luftangriffe wurde aber in letzter Konsequenz die Voraussetzung für eine politische Lösung des Konflikts geschaffen. Die jugoslawische Führung stimmte nach den Luftangriffen der NATO einem internationalen Friedensplan für das Kosovo zu. Die Initiative der EU, die aktive Vermittlung Russlands und die Festigkeit der NATO trugen dabei wesentlich zum Erfolg der Mission bei. Die wichtigsten Aufgaben nach dem In-Kraft-Treten des Friedensplans waren die Beendigung der humanitären Katastrophe, die Rückkehr der Vertriebenen in ihre Heimat durch Schutz einer effizienten Friedenstruppe und die militärische Absicherung der Friedensregelung im Kosovo. Deswegen wurde unter dem Dach eines UNO-Mandats Mitte Juni 1999 eine NATO geführte „Kosovo Force" (KFOR) eingesetzt. An dieser Friedenstruppe nahm anfangs auch Russland teil.[215] Der Einmarsch der KFOR stellte dennoch „das stärkste Argument für die NATO dar, einen quälend langen Krieg doch

---

211 Vgl. Hochleitner, Erich P., S. 324.

212 Vgl. Küntzel, Matthias, Der Weg in den Krieg: Deutschland, Die NATO und das Kosovo, Berlin 2000, S. 74ff.

213 Vgl. Hochleitner, Erich P., S. 325.

214 Vgl. Varwick / Woyke, S. 153.

215 Vgl. Presse- und Informationsdienst der Bundesregierung, Die neue NATO, S. 59.

noch gewonnen zu haben".[216] Die Friedensregelung für das Kosovo war allerdings die Voraussetzung für eine mittel- und langfristige Stabilisierung des gesamten Balkans. Das Ziel dieser Friedensmission lag allerdings darin, die Entstehung neuer Krisen und Konflikte in der Region dauerhaft zu verhindern. Die internationale Staatengemeinschaft leistete damit für die Bundesrepublik Jugoslawien das, was nach 1945 für den Westen und nach 1989 für den Osten Europas getan wurde. Es wurde Jugoslawien ein Weg eröffnet, der durch die Schaffung stabiler Voraussetzungen für Demokratie, Marktwirtschaft, regionale Zusammenarbeit und nachhaltige Verankerung in den euroatlantischen Strukturen die Region dauerhaft stabilisierte.[217]

4.6 Zukunft der NATO seit dem 11. September 2001 aus amerikanischer Sicht

Der NATO ist es im Laufe des vergangenen Jahrzehntes gelungen, trotz des Wegfalls ihres Feinbildes, zu überleben. Dies gelang der NATO durch eine systematische Transformation von einem Bündnis der kollektiven Verteidigung zu einen Bündnis der kollektiven Sicherheit.

Trotz dieser Umwandlung wurde nach den brutalen Terrorakten am 11. September 2001 in den Vereinigten Staaten von Amerika das erste Mal in ihrer 54-jährigen Geschichte der Bündnisfall nach Artikel 5 des Nordatlantikvertrages ausgerufen.[218] Danach sehen die Mitglieder des Bündnisses einen Angriff auf ein Mitglied des Bündnisses als einen Angriff auf alle. Nach der Erklärung des Bündnisfalles durch den NATO-Rat wurde die NATO aber von Washington auf ein Abstellgleis gestellt. Die USA baute sich vielmehr nach dem 11. September 2001 ein auf bilateraler Basis beruhendes Anti-Al-Qaida-Bündnis in der Form einer Ad-hoc-Allianz zusammen. Bei dem Aufbau dieses Bündnisses beachtete die USA nicht die etablierten Bündnisstrukturen.[219] Die NATO war damit nicht mehr das einheitliche Bündnis, was es seit ihrer Gründung darstellte, sondern sie verfiel damit zu einer „Vermittlungsagentur für militärische Koalitionen".[220] Die USA sorgte

---

216 Vgl. Varwick / Woyke, S. 167.

217 Vgl. Presse- und Informationsdienst der Bundesregierung, Die neue NATO, S. 59.

218 Vgl. Walser-Meier, S. 6.

219 Vgl. ebd., S. 6.

220 Vgl. ebd., S. 76f.

also dafür, dass die NATO als Ganzes nicht an den militärischen Operationen im Afghanistan-Krieg beteiligt wurde.[221] Diese Zurückhaltung der USA bezüglich des möglichen NATO-Einsatzes in Afghanistan hatte aber seine Gründe. Im Kosovo-Krieg 1999 versuchten die europäischen NATO-Verbündeten einen Einfluss auf die Kriegsstrategie zu nehmen, der aus amerikanischer Sicht in keinem Verhältnis zu ihrem minimalen militärischen Einsatz stand. Außerdem hat das NATO-Engagement im Kosovo den Amerikanern gezeigt, dass die multilaterale Abstimmung in den Gremien des Nordatlantikrates erheblich die Effektivität eines Einsatzes einschränkt. Mit dieser negativen Erfahrung im Hinterkopf wurden die Amerikaner veranlasst, bei ihrer Antiterrorstrategie in Zukunft eine andere Strategie zu verfolgen.[222]

Diese neue unilaterale Strategie wurde auch im Irak-Krieg von Anfang 2003 deutlich, als sich die USA im Zwist mit den Europäern wieder eine eigene Ad-hoc-Allianz aufbaute.[223] Dennoch haben die USA ein Grundsatzinteresse an der Aufrechterhaltung der NATO, da diese den multinationalen Rahmen für die zentralen sicherheitspolitischen Interessen der USA in Europa bildet. Nach dem Ende des Irak-Krieges wurde der USA bewusst, dass sie ihre unilaterale Strategie nicht aufrechterhalten kann. Seitdem versucht die USA ihre Außen- und Sicherheitspolitik wieder stärker multilateral über die NATO abzustützen. Die NATO ist daher immer noch sehr wichtig für die Legitimation des sicherheitspolitischen Handelns der USA. Außerdem bildet die NATO den einzigen Vertrags- und Organisationsrahmen für die transatlantische Kooperation in Sicherheitsfragen.[224]

---

221 Vgl. ebd., S. 16.

222 Vgl. ebd. 17.

223 Vgl. ebd., S. 19.

224 Vgl. ebd., S. 20.

5 Die OSZE

5.1 Geschichte der OSZE

Parallel zu dem KSZE-Prozess begannen ab 1969 in Wien und Helsinki Verhandlungen, die das gefährliche Wettrüsten bei den nuklear bestückten Interkontinentalraketen eindämmen sollten.[225] In der Budapester Erklärung von 1970 erklärte sich die russische Führung in Moskau, durch den Druck der westlichen Entspannungspolitik bereit, in die Einbindung mit der USA und Kanadas einzuwilligen. Mit dem „Signal von Tiflis", dass die Bereitschaft der Sowjetunion zu der von der USA gewünschten „ausgewogenen beiderseitigen Truppenreduzierung" (MBFR) erkennen ließ, änderte sich die Verhandlungslage im Abrüstungsbereich. Allerdings konnten die MBFR-Verhandlungen nicht in den siebziger Jahren abgeschlossen werden. Die Abrüstungsverhandlungen stellten vielmehr auch einen Prozess dar, der erst mit dem INF-Vertrag vom Dezember 1987 am Ende des Kalten Krieges wirkliche Erfolge zeigte.

Durch die Erfüllung der westlichen Vorbedingungen, den Abschluss der deutschen Ostverträge und des Berliner Viermächte-Abkommens sowie des SALT I-Vertrages konnten aber dennoch Anfang der siebziger Jahre erfolgreich Ausgangsbedingungen für den KSZE-Prozess geschaffen werden.[226] Daraufhin trafen am 03.07.1973 in Helsinki 35 Außenminister der europäischen Staaten aus Ost und West, darunter waren die der BRD, DDR, Sowjetunion, Kanadas und der USA, zu einer Konferenz zusammen. Auf der Tagesordnung standen hauptsächlich drei Punkte, die später auch Körbe genannt wurden.[227] In drei Themenbereichen, den so genannten „Körben", wurden die Ergebnisse zusammengefasst.

Im *ersten Korb*, der als Oberbegriff „Sicherheit in Europa" innehatte, wurden 10 Prinzipien zur Regelung der Beziehungen unter den Teilnehmerstaaten formuliert.[228] Die Prinzipien waren Souveränität und Gleichheit, Gewaltverbot, Unverletzbarkeit der Grenzen, territoriale Integrität der Staaten, friedliche Regelung von Streitfällen, Nichteinmischung in innere Angelegenheiten, Achtung der Menschenrechte und Grundfreiheiten, Gleichberechtigung und Selbstbestimmungsrecht der Völker, Zusammenarbeit zwischen den Staaten und Erfül-

---

225 Vgl. Presse- und Informationsamt der Bundesregierung, OSZE, S. 1.

226 Vgl. Weber, Bernd, S. 26.

227 Vgl. Presse- und Informationsamt der Bundesregierung, OSZE, S. 1f

228 Vgl. ebd., S. 3.

lung der völkerrechtlichen Verpflichtungen.[229] Im zweiten Teil des Korbes I stand die Sicherheitspolitik im Vordergrund. In ihm wurde der Abbau von Bedrohungspotentialen, die Reduzierung der Streitkräfte auf ein Mindestmaß, Transparenz und die Informationsbereitschaft im militärischen Sektor vereinbart. Die kooperative Sicherheit sollte die normative Grundlage zwischen den Teilnehmerstaaten im Sicherheitsbereich bilden.[230]

Der *zweite Korb*, der als Überbegriff „Zusammenarbeit" innehatte, enthielt Richtlinien für die Zusammenarbeit auf den Gebieten Wirtschaft, Wissenschaft, Technik und Umweltschutz.[231] Dessen normative Grundlage ist ein „Zusammenhang zwischen politischem Pluralismus und Marktwirtschaft". Zu den weiteren Prinzipien gehörten unter anderen eine „Wirtschaftstätigkeit, die die Zwangsarbeit oder Diskriminierung aufgrund von Rasse, Geschlecht, Sprache, politischer und religiöser Überzeugung ausschließt und den Arbeitern das Recht auf Gründung unabhängiger Gewerkschaften und den Beitritt zu solchen nicht vorenthält." Dann erklärten die Teilnehmer, dass sie eine wettbewerbsfähige Marktwirtschaft, in denen Angebot und Nachfrage die Preise bestimmen, volle Anerkennung und voller Schutz aller Formen von Eigentum, einschließlich des privaten Eigentums sowie des Rechts an geistigem Eigentum und schließlich die Umweltverträglichkeit von Wirtschaftswachstum herrscht, für bewahrens- und erstrebenswert halten.[232]

Der *dritte Korb* befasste sich mit einer Reihe humanitärer Probleme, wie menschliche Kontakte, dem Austausch von Informationen, kulturelle Beziehungen, der Erleichterung von Familienzusammenführung, Verwandtenbesuche, Eheschließungen, Reisen, journalistische Arbeitsbedingungen, rechtliche Durchsetzung der Gleichberechtigung von Mann und Frau, Schutz der ethnischen, kulturellen, sprachlichen und religiösen Minderheiten und das Recht auf freie Meinungsäußerung.[233] Weiterhin steht das Bekenntnis zu den Menschenrechten und anderen Freiheitsrechten im Mittelpunkt. Auch auf dem Moskauer Treffen der Konferenz über die menschliche Dimension im Oktober 1991 betonten die Teilnehmerstaaten, „dass Fragen der Menschenrechte, Grundfreiheiten, Demokratie und Rechtsstaatlichkeit ein inter-

---

229 Vgl. Tudyka, P. Kurt, Das OSZE – Handbuch: Die Organisation für Sicherheit und Zusammenarbeit von Vancouver bis Wladiwostok, Leske + Budrich: 2002, S. 47.

230 Vgl. ebd, S. 48.

231 Vgl. Presse- und Informationsdienst der Bundesregierung, OSZE, S. 4.

232 Vgl. Tudyka, P. Kurt, S. 49.

233 Vgl. Presse- und Informationsamt der Bundesregierung, OSZE, S.4.

nationales Anliegen sind. Sie erklärten deshalb mit großem Nachdruck, dass die im Bereich der menschlichen Dimension der KSZE eingegangenen Verpflichtungen ein unmittelbares und berechtigtes Anliegen aller Teilnehmerstaaten sind. Sie sind deshalb keine ausschließlich innere Angelegenheit eines betroffenen Staates."[234]

Die Absichten der damaligen Sowjetunion in der KSZE lagen bei der Absicherung ihres Machtbereichs, der Anerkennung bestehender Grenzen und auf der Verbesserung ihrer Wirtschaftsbeziehungen. Der Westen erhoffte sich von der Konferenz hingegen die Schaffung eines Forums zwischen Ost und West. Auf diesem vom Westen gewünschten Forum sollte die Kooperation aller europäischen Länder auf den Gebieten Politik, Sicherheit und Abrüstung, Wirtschaft, Wissenschaft, Kultur und Umweltschutz gefördert und vertieft werden.[235] Für den Westen waren weiterhin die Reisefreiheit und der freie Fluss von Informationen sehr wichtig. Die Machthaber der kommunistischen Regime in den Warschauer-Pakt-Staaten befürchteten hingegen, dass eine zu weitreichende Öffnung in diesen Bereichen ihre Vorherrschaft erschüttern konnte. Später zeigte sich dann auch, dass sie ihre Befürchtungen zu recht hatten.[236] Die erste Konferenz der KSZE in Helsinki endete am 01.08.1975 in Helsinki mit der Unterzeichnung der Schlussakte durch die Staats- und Regierungschefs. Die „Schlussakte von Helsinki" gilt als Basisdokument des KSZE-Prozesses.[237] Die KSZE-Schlussakte enthielt zwar keine verbindlichen Absprachen, aber Absichtserklärungen, die später noch eine ungeahnte Wirkung zeigen sollten.[238] Die KSZE diente deshalb von Anfang an nur als ein multilaterales Forum für den Dialog und die Verhandlungen zwischen Ost und West.[239]

Nach der ersten Periode, dessen Basis das Helsinki-Schlussdokument bildete, kam es zur Erweiterung der in Helsinki festgelegten Normen durch Normenprüfung und der Vorbereitung neuer Normen für eine Folgekonferenz. Dieser Prozess wird auch als vierter Korb oder als „Helsinki-Prozess" bezeichnet.[240]

Die zweite Periode umfasst die Überprüfung und Ergänzung der ausgehandelten Prinzipien, Normen und Absichten im Rahmen der

---

234 Vgl. Tudyka, P. Kurt, S. 49.

235 Vgl. Weber, Bernd, S. 27.

236 Vgl. Presse- und Informationsdienst der Bundesregierung, OSZE, S. 4.

237 Vgl. Weber, Bernd, S. 27.

238 Vgl. Presse- und Informationsdienst der Bundesregierung, OSZE, S. 2.

239 Vgl. Weber, Bernd, S. 27.

240 Vgl. Tudyka, P. Kurt, S. 41.

drei großen Nachfolgekonferenzen in Belgrad 1978, Madrid 1983 und Wien 1989. Die dritte Periode ist durch den Umschwung, die Initiativen und institutionellen Beschlüsse geprägt. In ihr wurden die Charta von Paris 1990 und das Treffen der Staats- und Regierungschefs in Helsinki 1992 durchgeführt. Die vierte Periode zeigte, dass sich die KSZE seit 1992 durch ihre operativen Einsätze von einer beratenden Constituante zur intervenierenden Agentur wandelte.[241]

Seit 1992 war dann auf dem Treffen der OSZE in Budapest 1994, Lissabon 1996 und Istanbul 1999 ein Beharren auf erreichten Positionen zu erkennen.[242] Auf der Nachfolgekonferenz in Budapest 1994 wurde die Umbenennung der „KSZE" zum 01.01.1995 in die „OSZE" beschlossen. Die damit verbundene Umbenennung der bisher bestehenden Organe hatte keine Auswirkung auf den bisherigen Status und Charakter der KSZE.[243] Die OSZE ist heute die einzigste Organisation, der alle Staaten Europas, die zentralasiatischen, transkaukasischen und die nordamerikanischen Staaten angehören.[244] Durch die Mitgliedschaft von 56 Staaten verfügt die OSZE über eine nahezu gesamteuropäische Universalität.[245] (siehe Abb. 8)

Abbildung 8: Die Mitglieder der OSZE

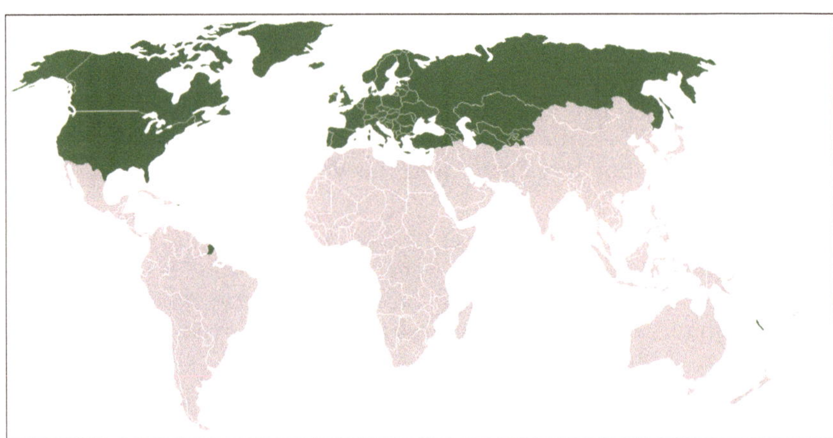

Quelle: http://de.wikipedia.org/wiki/Bild:OSZEMitgliedsstaaten.png vom 11.06.2007.

241 Vgl. ebd., S. 23.

242 Vgl. ebd., S. 48.

243 Vgl. ebd., S. 35.

244 Vgl. ebd., S. 12.

245 Vgl. http://www.osce.org/about/13131.html vom 11.06.2007.

Die jetzt entstandene OSZE hatte die Aufgabe für Gesamteuropa die sicherheitspolitische Sphäre zu stabilisieren und regionale desintegrative Tendenzen zu beheben.

5.2 Organisationsstruktur der OSZE

Bis 1990 hatten die jeweiligen Konferenzen der KSZE ihr Mandat von dem jeweils vorher stattfindenden Folgetreffen erhalten. Durch die Charta von Paris aus dem Jahre 1990 wurden im Hinblick auf den Zusammenbruch der kommunistischen Diktaturen regelmäßige wieder-kehrende Folgetreffen, regelmäßig zusammentretende Gremien und ständige Institutionen der KSZE geschaffen.

Zu den regelmäßig wiederkehrenden Treffen gehören die *Gipfeltreffen der Staats- und Regierungschefs*.[246] Bei diesen Gipfeltreffen werden die politischen Richtlinien und die vorrangigen Aufgaben festgelegt. Sie markieren aller zwei Jahre den Höhepunkt der OSZE- Folgetreffen, die seit dem Helsinki-Treffen von 1992 Überprüfungskonferenzen genannt werden. Sie sollen nicht länger als drei Monate dauern und dienen dem Ziel der Bestandsaufnahme. Es werden dabei die Einhaltung der getroffenen Vereinbarungen durch die Mitgliedsstaaten und die Möglichkeit der Erweiterung bestehender Abkommen sowie weitere Schritte im OSZE-Prozess geprüft. Die Ergebnisse der Überprüfungskonferenzen werden dann immer in einem Schlussdokument festgeschrieben.[247]

Der *Ministerrat* ist das zentrale Beschluss- und Leitungsgremium der OSZE. Er bildet das Forum für politische Konsultationen. Er veranstaltet alle zwei Jahre die Überprüfungskonferenzen, die regelmäßig mit einem Gipfeltreffen abschließen. Den Vorsitz im Ministerrat hat der Minister, in dessen Land das letzte Ratstreffen stattgefunden hat. Er wird in der Regel für ein Jahr gewählt und er ist auch als amtierender Vorsitzender tätig. Der amtierende Vorsitzende kann durch den Generalsekretär unterstützt werden, um präventiv durch Reisen in Spannungsgebiete oder durch die Entsendung eines persönlichen Vertreters, zu wirken.[248] Die Besetzung des Ministerrates in der Form der Außenministern der OSZE-Staaten stellt außerdem sicher, dass die verschiedenen Aktivitäten der OSZE eng auf ihre zentralen politischen Ziele bezogen bleiben. Er fasst Beschlüsse für den OSZE-

246 Vgl. Hochleitner, Erich P., S. 116.

247 Vgl. Weber, Bernd, S. 32.

248 Vgl. Tudyka, P. Kurt, S. 136.

Prozess und zur institutionellen Weiterentwicklung. Der Ministerrat tagt mindestens einmal jährlich, in der Regel gegen Ende der Amtsperiode des Vorsitzenden. Die Tagungsorte des Ministerrates wechseln ständig. Sie werden jeweils am Ende einer Konferenz für das nächste Treffen festgelegt.[249]

Der *Hohe Rat*, der seinen Sitz in Prag hat, setzt sich aus den leitenden Beamten der Außenministerien aller Mitgliedsstaaten zusammen und tagt mindestens einmal jährlich oder nach Bedarf. Er ist für die Leitung und Koordinierung zwischen den Ministerratstagungen verantwortlich. Weiterhin hat er die Aufgabe, aktuelle Fragen zu prüfen, grundsatzpolitische und allgemeine haushaltpolitische Richtlinien zu erörtern, dem Ministerrat Empfehlungen zu unterbreiten, dessen Konferenzen vorzubereiten, Beschlüsse der Gipfeltreffen und des Ministerrats durchzuführen und die Beziehung zu anderen internationalen Gremien zu vertiefen.[250] Der Hohe Rat hat eine zentrale Funktion bei der langfristigen Krisenprävention. Er ist für den Aufbau einer lebensfähigen Demokratie, der Schaffung von Vertrauen zwischen Bevölkerung und Regierung, der Förderung der Menschenrechte und für die Beseitigung aller Formen der Diskriminierung und Respektierung der Minderheiten zuständig.[251] Desweiteren tritt er einmal jährlich auch als *Wirtschaftsforum* zusammen, um Fragen des Übergangs der früheren Planwirtschaften in die Marktwirtschaft zu erörtern.[252]

Der *Ständige Rat*, der seinen Sitz in Wien hat, wurde am 01.12.1993 ins Leben gerufen.[253] Er ist das entscheidendste Gremium innerhalb der OSZE, da sich die Botschafter der Teilnehmerstaaten in ihm wöchentlich treffen. In ihm laufen die politischen Stränge zusammen, weil er Beschlüsse fasst, die von den Teilnehmerstaaten umgesetzt werden sollten.[254] Er setzt sich aus Vertretern der OSZE Teilnehmerstaaten zusammen, die den Vorsitz eines Vertreters des amtierenden Vorsitzenden des Ministerrates unterstehen. Im Ständigen Rat sollen letztendlich die verschiedenen Sichtweisen der OSZE Staaten auf einen gemeinsamen Nenner gebracht werden, um später konkrete Entscheidungen treffen zu können.[255] Er ist damit ein wichtiges Konfliktverhütungsorgan und trägt damit die Hauptverantwortung für Frühwarnung, präventive Maßnahmen und Krisenbewältigung.

---

249 Vgl. Weber, Bernd, S. 32.

250 Vgl. ebd., S. 32.

251 Vgl. Tudyka, P. Kurt, S. 134ff.

252 Vgl. ebd., S. 130.

253 Vgl. Weber, Bernd, S. 32.

254 Vgl. Presse- und Informationsdienst der Bundesregierung, OSZE, S. 15.

255 Vgl. Tudyka, P. Kurt, S. 51.

Das *Forum für Sicherheitskooperation (FSK)* in Wien setzt sich aus dem Besonderen Ausschuss und dem Konsultativausschuss zusammen.[256] Das FSK ein spezielles Organ der OSZE, was für die militärischen Aspekte der Sicherheit zuständig ist.[257] Es hat die Aufgabe, Verhandlungen über Rüstungskontrolle, Abrüstung, Vertrauens- und Sicherheitsbildung, regelmäßige Konsultationen zur Stärkung der Sicherheit, Fragen der Rüstungskonversion, Regelung über Nichtverbreitung von Massenvernichtungswaffen und Waffentransfer und der Verbesserung der Mechanismen zur Konfliktverhütung zu führen.[258]

Die *Parlamentarische Versammlung (PV)* wurde im April 1991 geschaffen und setzt sich aus 319 Mitgliedern aller Mitgliedstaaten zusammen.[259] Sie soll die Umsetzung der OSZE- Prinzipien bewerten und Vorschläge erarbeiten, die sie dann mit Mehrheit beschließen kann. Sie tagt seit 1992 jährlich im Juli und hat bisher keine Entscheidungsbefugnis.[260] Die Versammlung hat die Aufgabe, sich für die Stärkung und Festigung demokratischer Institutionen in den OSZE-Teilnehmerstaaten einzusetzen. Weiterhin soll sie auch Mechanismen zur Verhütung und Lösung von Konflikten entwickeln und fördern.[261]

Die Organisation hat außerdem seit 29. Mai 1995 einen *Vergleich- und Schiedsgerichtshof* in Genf eingerichtet. Das zur Rechtsprechung notwendige Übereinkommen über Schieds- und Vergleichsverfahren war bis Juni 2000 allerdings erst von 34 OSZE-Staaten unterzeichnet und von 28 Staaten ratifiziert worden.[262] Er beschäftigt sich daher mit Streitfällen unter den Teilnehmerstaaten.[263]

Der *Generalsekretär* ist der oberste Verwaltungsbeamte der OSZE. Er leitet das *Sekretariat* und das Konfliktverhütungszentrum und vertritt den amtierenden Vorsitzenden.[264] Seine Amtszeit beträgt drei Jahre.[265]

Das *Konfliktverhütungszentrum (KVZ)* hat seinen Sitz in Wien. Es ist für die umfassende Unterstützung im Bereich der Frühwarnung, der Konfliktverhütung und des Krisenmanagements zuständig. Das KVZ soll außerdem den Ministerrat bei der Suche nach einer friedlichen

---

256 Vgl. Weber, Bernd, S. 33.

257 Vgl. Tudyka, Kurt P., S. 114.

258 Vgl. Weber, Bernd, S. 33.

259 Vgl. Tudyka, P. Kurt, S. 202f.

260 Vgl. Weber, Bernd, S. 33.

261 Vgl. Presse- und Informationsdienst der Bundesregierung, OSZE, S. 17.

262 Vgl. Tudyka, P. Kurt, S. 218.

263 Vgl. Presse- und Informationsdienst der Bundesregierung, OSZE, S. 17.

264 Vgl. Tudyka, P. Kurt, S. 116.

265 Vgl. Presse- und Informationsdienst der Bundesregierung, OSZE, S. 17.

Regelung von Konflikten unterstützen. Es hilft bei der Durchführung von vertrauens- und sicherheitsbildenden Maßnahmen und darf Ermittlungs-, Berichterstatter- und Beobachtermissionen durchführen. Seit 1992 übernahm es zusätzlich noch die Funktionen der Erfüllung und Verifikation von Übereinkommen zur Abrüstung und Rüstungskontrolle.[266] Die Organisationsstruktur der OSZE kann in Abbildung 9 nachvollzogen werden.

266 Vgl. Weber, Bernd, S. 33.

Abbildung 9: Die Organisationsstruktur der OSZE

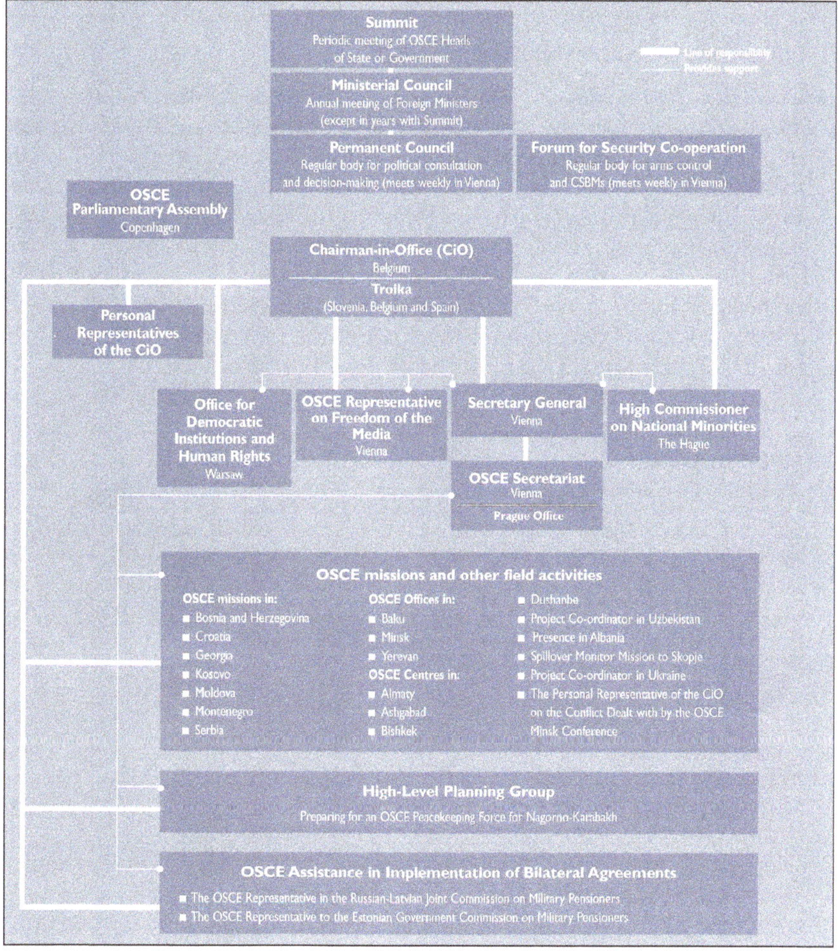

Quelle: http://www.osce.org/documents/sg/2004/03/4108_en.pdf vom 11.06.2007.

Im Jahre 1992 ging aus dem Büro für freie Wahlen das *Büro für Demokratische Institutionen und Menschenrechte (BDIMR)* hervor. Es hat seinen Sitz in Warschau und arbeitet mit den Mitgliedstaaten im Bereich der „Menschlichen Dimension“ zusammen und überwacht die Einhaltung ihrer Verpflichtungen.[267] Es überwacht außerdem die Wahlen in den Mitgliedsländern, unterstützt die Entwicklung nationaler Wahl-

267 Vgl. ebd., S. 33.

behörden, fördert die Entwicklung von Non Governmental Organizations (NGO), bildet OSZE-Mitarbeiter für die Wahlüberwachung aus, überprüft die Einhaltung der Menschenrechte und ist aktiv bei der Journalistenweiterbildung tätig.[268]

Der *Hohe Kommissar für Nationale Minderheiten (HKNM)* wurde mit Beschluss des Helsinki-Dokumentes von 1992 geschaffen.[269] Er arbeitet in Den Haag unter der Aufsicht des Hohen Rats und stellt ein Instrument zur Konfliktverhütung zu dem frühestmöglichen Zeitpunkt dar. Er soll für die Frühwarnung und das Ergreifen von frühzeitigen Maßnahmen bei Angelegenheiten nationaler Minderheiten sorgen, die das Potential haben, sich im OSZE-Gebiet zu einem dem Frieden gefährdeten Konflikt zu entwickeln. Er soll vertraulich und unabhängig von allen direkt an den Spannungen beteiligten Parteien handeln. Der HKNM greift auf die Einrichtungen des BDIMR in Warschau zurück. Er führte schon Missionen nach Albanien, Estland, Kasachstan, Kirgistan, Lettland, Mazedonien, Rumänien, Ungarn, Slowakei und in die Ukraine durch. [270]

Neben den HKNM und den BDIMR existiert bei der OSZE seit Dezember 1997 auch ein Beauftragter für die Freiheit der Medien. Der Representative on Freedom of the Media (RFOM) hat seinen Sitz in Wien und der aktuelle OSZE-Beauftragte für die Medienfreiheit ist Herr Miklòs Haraszti. Der RFOM hat eine Frühwarnfunktion und wird bei Einschränkungen der Medienfreiheit tätig.[271]

5.3 Instrumente der OSZE zur friedlichen Streitbeilegung

Die Bemühungen der Europäer, durch internationale Vereinbarungen bewaffnete Auseinandersetzungen zwischen den Völkern zu verhindern und Konflikte friedlich zu lösen, gibt es jetzt schon ein Jahrhundert lang.[272] Das Ziel der OSZE besteht daher in Frühwarnung, Konfliktverhütung, Krisenbewältigung und Wiederherstellung friedlicher Verhältnisse nach Konflikten.[273] Aufgrund des 4. KSZE-Folgetreffens von 1992 besitzt die OSZE als „regionale Abmachung" auch das

---

268 Vgl. Presse- und Informationsamt der Bundesregierung, OSZE, S. 16.

269 Vgl. Tudyka, P. Kurt, S. 125.

270 Vgl. Weber, Bernd, S. 33.

271 Vgl. http://www.osce.org/fom vom 11.06.2007.

272 Vgl. Weber, Bernd, S. 34.

273 Vgl. ebd., S. 9.

Recht, friedenserhaltende Maßnahmen, z.B. Blauhelm- und peacekeeping Einsätze unter der Verantwortung der Vereinten Nationen durchzuführen.[274] Die OSZE gilt daher in den Augen vieler als die Institution für Konfliktprävention. In dieser Funktion wird ihr komparativer Vorteil im Vergleich zu anderen Organisationen gesehen. Konfliktprävention heißt das Verhüten der meist gewaltsamen ausgetragenen Formen von kollektiven Konflikten. Desweiteren soll sie zur Lösung von Konflikten beitragen und damit dessen Ursachen zumindest seine friedensgefährdende Wirkung nehmen. Konfliktprävention stellt damit das Kernstück präventiver Diplomatie dar. Man unterscheidet dabei zwischen den Maßnahmen einer kurzfristigen Konfliktprävention und einer langfristigen Konfliktprävention.

Das Ziel einer *kurzfristigen Konfliktprävention* ist Verhütung oder Eindämmung von der Steigerung unmittelbar drohender Konflikte. Zu dieser Art der Prävention gehören die Frühwarnung und die präventive Diplomatie. Bei der Frühwarnung geht es darum, dass die OSZE Organe informiert werden sollen, um rechtzeitig und wirksam reagieren zu können. Präventive Diplomatie versucht hingegen Streitigkeiten und Drohungen zu dämpfen um ihnen Einhalt zu gebieten, bevor sie in einem bewaffneten Streit ausarten.[275]

Das Ziel einer *langfristigen Konfliktprävention* beinhaltet den Aufbau von lebensfähigen Demokratien, Schaffung von demokratischen Institutionen, Herstellung von Menschenrechten und die Beseitigung aller Formen von Diskriminierungen von Minderheiten. Der Ständige Rat trägt dabei die Hauptverantwortung für die kurzfristige Konfliktprävention und der Hohe Rat hat die Verantwortung für die langfristige Konfliktprävention der OSZE.[276] Konfliktprävention ist langfristig durch die Staaten gewährleistet, die zu Frieden und Stabilität beitragen, in dem sie voll und ganz die OSZE-Verpflichtungen respektieren.[277]

Desweiteren unterscheidet man zwischen einer Konfliktprävention im Vorfeld von Krisen und Konflikten und einer Konfliktprävention in bereits akuten Krisen. Im Vorfeld von Krisen versucht die OSZE durch die Instrumente der kurzfristigen Konfliktprävention die Ursachen von Spannungen zu erkennen und wenn es möglich ist auch

---

274 Vgl. Wenig, Marcus, Möglichkeiten und Grenzen der Streitbeilegung ethnischer Konflikte durch die OSZE: dargestellt am Konflikt im ehemaligen Jugoslawien, Berlin 1996, S. 136.

275 Vgl. Tudyka, P. Kurt, S. 134.

276 Vgl. ebd., S. 136.

277 Vgl. Tudyka, P. Kurt, S. 135.

abzubauen. Diese Handlungen der OSZE lassen sich mit den Stichworten Konfliktverhütung und Konfliktlösung be-schreiben.[278]

Bei bereits akuten Krisen hat die OSZE seit 1991 zwei Formen der friedlichen Streitbeilegung, die Allgemeinen Mechanismen und die Sachgebietsspezifischen Mechanismen, angewandt. Zu dem *Allgemeinen Mechanismen* der OSZE gehört der Vergleichs- und Schiedsgerichtshof. In einem *Vergleichsverfahren* versucht dabei eine Kommission eine einvernehmliche Lösung zu finden.[279] Ein OSZE-Vergleichsverfahren kann einseitig durch Antrag eines oder mehrerer Vertragsstaaten hinsichtlich einer Streitigkeit zwischen ihnen, aufgrund einer Vereinbarung zwischen zwei oder mehreren Vertragsstaaten oder einer Vereinbarung zwischen einem oder mehreren OSZE-Teilnehmerstaaten eingeleitet werden. Mindestvoraussetzung für die Einleitung dieses Verfahrens ist also, dass mindestens ein Vertragsstaat als Streitpartei am Verfahren beteiligt ist. Außerdem müssen die Streitparteien zuvor „in angemessener Frist" ohne Erfolg versucht haben, ihren Streitfall zu lösen.

Außerdem besteht auch die Möglichkeit, dass der Hohe Rat oder der Ministerrat die betreffenden Vertragsparteien auch gegen ihren Willen dazu verpflichten kann, das Vergleichsverfahren nach dem „Konsens-minus-zwei"-Prinzip durchzuführen.[280] Bei so einem Zwangsverfahren soll den Teilnehmerstaaten geholfen werden, ihre Streitigkeiten, die sie nicht innerhalb eines angemessenen Zeitraums selbst lösen konnten, zu lösen. In einem *Schiedsverfahren* kommt es zu einer einvernehmlichen und beiderseitigen Unterwerfung unter die Zuständigkeit eines Gerichtes. Die Entscheidung des Gerichtes ist dann bindend.[281]

Als zweiten Allgemeinen Mechanismus wurde der *Berliner Mechanismus* 1991 vom Ministerrat geschaffen. Er regelt in besonders „schwerwiegenden, dringlichen Situationen" die gegenseitige Unterrichtung und Zusammenarbeit zwischen den Teilnehmerstaaten. Mit diesem Verfahren sollen Konflikte frühzeitig erkannt und mit friedlichen Mitteln beigelegt werden. Für die Auslösung dieses Mechanismusses ist die Verletzung der zehn Prinzipien der OSZE notwendig. Nach der Auslösung des Mechanismussees kann jeder Teilnehmerstaat von dem verstoßenden Staat eine klärende Auskunft innerhalb von 48 Stunden verlangen, die allen Mitgliedern der OSZE übermittelt werden muss. Wenn sich die Lage danach immer noch

---

278 Vgl. Weber, S. 35.

279 Vgl. ebd., S. 35.

280 Vgl. Wenig, Marcus, S. 153.

281 Vgl. Weber, Bernd, S. 35.

nicht löst, dann kann jedes Mitgliedsland eine Dringlichkeitserklärung beim Hohen Rat einfordern, für deren Einberufung allerdings innerhalb von 48 Stunden 12 OSZE- Länder zustimmen müssen.[282]

Als drittes Instrument der Allgemeinen Mechanismen wurde der *Valletta-Mechanismus* festgelegt.[283] Für die Einsetzung dieses Mechanismusses müssen aber bestimmte Voraussetzungen erfüllt sein. Die betroffenen OSZE-Teilnehmerstaaten müssen vor der Einsetzung dieses Mechanismusses bereits versucht haben, ihren Streit durch direkte Konsultationen und Verhandlungen oder durch ein anderes geeignetes Verfahren der Streitbeilegung zu beenden. Diese vorhergehenden Vermittlungsversuche müssen dann innerhalb eines „angemessenen Zeitraumes" erfolglos geblieben sein. Der jetzt nun vorliegende Streitfall darf nicht einmal schon vorher behandelt worden sein und auch nicht bereits schon Gegenstand eines anderen Streitbeilegungsverfahrens sein. Wenn diese Voraussetzungen vorliegen, dann kann jede Streitpartei die Einsetzung dieses Mechanismusses fordern. Allerdings kann jede Streitpartei die Einsetzung dieses Mechanismusses verweigern, wenn der Streitfall ihrer Ansicht nach „Fragen ihrer territorialen Integrität oder ihrer Landesverteidigung, ihrer Hoheitsansprüche auf Landgebiete oder konkurrierender Ansprüche hinsichtlich ihrer Hoheitsgewalt über andere Gebiete berührt."[284] Wenn dieser Souveränitätsvorbehalt nicht geltend gemacht werden sollte, dann können sich die Parteien auf die Zusammensetzung des Mechanismusses einigen. Die Parteien wählen dabei aus einer Liste von Persönlichkeiten aus allen OSZE-Ländern einvernehmlich die Mitglieder des Mechanismusses aus.[285] Wenn sich die Streitparteien nicht innerhalb von zwei Monaten auf die Zusammensetzung des Mechanismusses einigen können, dann benennt der ranghöchste Beamte des KVZ nach Rücksprache mit dem Streitparteien sieben Personen, von denen jede Partei aber nur drei innerhalb eines Monats ablehnen darf. Danach gilt der Mechanismus als eingesetzt. Die Teilnehmer des Mechanismusses bemühen sich dann zunächst um die Verbindung mit den Streitparteien, um sich durch die gewonnenen Auskünfte und Stellungnahmen ein Bild von der Lage machen zu können. Danach geben sie den Streitparteien allgemeine oder spezifische Hinweise im Hinblick auf die Wahl des geeigneten Streitbeilegungsverfahrens.[286] Diese Ratschläge an die Streitparteien haben aber

---

282 Vgl. ebd., S. 35.

283 Vgl. ebd., S. 35.

284 Vgl. Wenig, Marcus, S. 143.

285 Vgl. Weber, Bernd, S. 35.

286 Vgl. Wenig, Marcus, S. 144.

einen unverbindlichen Charakter.[287] Wenn dann die Streitparteien trotz der Ratschläge des Mechanismusses nicht „innerhalb einer vernünftigen Frist" ihre Streitigkeit lösen können, dann können die Streitparteien dem Hohen Rat der OSZE ihr Scheitern mitteilen. Danach kann jede Streitpartei die Mitglieder des Mechanismusses um allgemeine oder spezielle Ratschläge bitten. Der Mechanismus wird nun in dieser zweiten Phase des Verfahrens zu der Sache selbst Stellung nehmen. Diese Stellungnahme hat das Ziel, „den Parteien bei der Streitbeilegung im Einklang mit dem Völkerrecht und den KSZE-Verpflichtungen" zu helfen. Die Streitparteien sind dann verpflichtet, diese neuen Ratschläge des Mechanismusses „nach Treu und Glauben und im Geiste der Zusammenarbeit zu prüfen".[288]

Die *Friedenserhaltenden Operationen* ist das vierte Instrument der Allgemeinen Mechanismen.[289] Friedenserhaltende Maßnahmen können deshalb von der OSZE bei zwischen-staatlichen und innerstaatlichen Konflikten angewendet werden. Diese Einsätze werden aber nicht als Ersatz, sondern nur als Ergänzung der politischen Streitlösung gesehen. Sie können nur durch ein entsprechendes Ersuchen eines oder mehrerer Teilnehmerstaaten, das an den Hohen Rat gerichtet ist, eingeleitet werden. Ein einstimmiger Beschluss des Hohen Rates oder des Ministerrates für eine Entsendung einer friedenserhaltenden Operation kann aber nur unter der Bedingung eingeleitet werden, wenn zuvor „alle betroffenen Parteien ihren Willen unter Beweis gestellt haben, günstige Bedingungen für die Ausführung der Operationen, unter anderem durch einen Prozess friedlicher Beilegung und durch die Bereitschaft zur Zusammenarbeit zu schaffen". Aus diesen Gründen heraus muss vor der Entsendung einer Mission ein wirksamer und dauerhafter Waffenstillstand, ein Memorandum of Understanding mit dem betroffenen Parteien und Garantien für die jederzeitige Sicherheit des eingesetzten Personals vorliegen. Der Beschluss zu der Entsendung einer OSZE-Operation ist daher immer genau zeitlich begrenzt und umfasst immer ein klares und genaues Mandat.[290] Die friedenserhaltenden Operationen werden zur Überwachung von Feuereinstellungen und Truppenrückzügen, der Aufrechterhaltung von Recht und Ordnung und bei humanitären und medizinischen Hilfeleistungen angewendet. Friedenserhaltende Maßnahmen der OSZE

---

287 Vgl. Weber, Bernd, S. 35.

288 Vgl. Wenig, Marcus, S. 144.

289 Vgl. Weber, Bernd, S. 35.

290 Vgl. Wenig, Marcus, S. 137.

erfordern aber immer die Zustimmung der direkt betroffenen Parteien und umfassen niemals Zwangsmaßnahmen.[291]

Zu den Friedenserhaltenden Operationen zählen auch die *Missionen der OSZE*. Die OSZE- Missionen sind Instrumente zur Frühwarnung, Konfliktverhütung und Krisenbewältigung.[292] Seit 1990 entwickelte die OSZE eine Reihe von verschiedenen Missionstypen. Zu ihnen gehören Beobachter-, Erkundungs-, Experten-, Berichterstatter-, Überwachungsmissionen und Kurzzeit- und Langzeitmissionen. Dabei können Kurzzeit- und Langzeitmissionen ineinander übergehen. Die Entsendung einer Mission erfordert die Zustimmung des Aufnahmelandes im Zuge eines einstimmigen Beschlusses der Teilnehmerstaaten zumeist im Hohen Rat.[293] Sie setzen sich vornehmlich aus Diplomaten, pensionierten Militärs, hohen Beamten, die zumeist Juristen sind und aus zivilen Experten zusammen[294]. Eine Mission besteht normalerweise aus nicht mehr als sechs bis zu zwanzig Mitgliedern.[295] Die Missionen der OSZE haben allgemein die Aufgabe, ein breites Spektrum von Hilfestellungen beim demokratischen Transformationsprozess bis hin zur Stabilisierung der Lage nach einem Konflikt durch Mitwirkung am Prozess der nationalen Versöhnung, zu geben.[296] Für den Erfolg einer Mission ist es wichtig, dass die Experten der OSZE gute Kontakte zu den lokalen Repräsentanten des Gastlandes haben und dass sie die Möglichkeit bekommen, mit den betroffenen Parteien in einen Dialog zu treten.[297] Die OSZE-Langzeitmissionen dauern dabei zwischen sechs Monaten oder einem Jahr und dienen zur Erkundung, Berichterstattung, Beobachtung und Überwachung und zur Durchführung sonstiger Aktivitäten vor Ort. Die OSZE wirkt damit an der Umsetzung bilateraler Übereinkommen mit und nahm auch schon an Sanktionsunterstützungs-Missionen teil.[298] Die OSZE hat aber momentan nicht das zivile und militärische Potential, um selbst derartige Operationen durchführen zu können. Sie kann aufgrund ihres außerrechtlichen Charakters ihre Mitglieder rechtlich auch nicht zu der Teilnahme an friedenserhaltenden Aktionen verpflichten. Die OSZE muss also ihre Mitglieder um einen individuellen Beitrag bitten oder die WEU, EU, NATO oder Russland bitten, ihr die

---

291 Vgl. ebd., S. 136.

292 Vgl. Weber, Bernd, S. 36.

293 Vgl. Tudyka, P. Kurt, S. 151.

294 Vgl. Presse- und Informationsamt der Bundesregierung, OSZE, S. 21.

295 Vgl. Tudyka, P. Kurt, S. 153.

296 Vgl. Weber, Bernd, S. 36.

297 Vgl. Tudyka, P. Kurt, S. 152.

298 Vgl. Weber, Bernd, S. 36.

erforderlichen Ressourcen zur Verfügung zu stellen. Die Kosten der Missionen werden von allen OSZE-Staaten getragen.[299] Die politische Hauptverantwortung für friedenserhaltende Operationen liegt beim Hohen Rat.[300] Friedenserhaltende Maßnahmen sind also Instrumente der Konfliktverhütung und der Krisenbewältigung.

Als zweites gibt es drei *Sachgebietsspezifische Mechanismen* der OSZE. Der erste ist der *CHD-Mechanismus* (Conference on the Human Dimension), der sich mit Fragen der Menschenrechte, der Demokratie und Rechtsstaatlichkeit beschäftigt. Er kann von jedem Mitgliedstaat der OSZE oder dem betroffenen Land eingeleitet werden. Die Experten oder Berichterstatter einer eingesetzten CHD-Mission beschäftigen sich dann mit dem Sachverhalt vor Ort und legen nach Abschluss ihrer Arbeit dem Hohen Rat einen Bericht mit Vorschlägen und Empfehlungen vor. Dieser beschäftigt sich dann abschließend mit den Vorschlägen. Die Kosten für diese Missionen der OSZE tragen allerdings immer die ersuchenden Staaten.[301]

Desweiteren kann der *HKNM bei Minderheitskonflikten* mit friedens- oder stabilitäts-gefährdendem Charakter aus eigenem Antrieb, nach einem Hinweis eines anderen Staates oder von Minderheitsvertretern tätig werden. Der HKNM sammelt dann nähere Informationen und gibt bei einem Konfliktrisiko dem Hohen Rat eine Frühwarnerklärung ab. Dabei ist auch in dringenden Fällen die Auslösung des Berliner Mechanismusses durch einen Teilnehmerstaat vorgesehen.[302]

Als letztes Instrument der Sachgebietsspezifischen Mechanismen der OSZE wäre der *Wiener Mechanismus* zu nennen. Er tritt bei ungewöhnlichen und unvorhergesehenen Aktivitäten von Streitkräften in einem Land, besonders wenn sie außerhalb der normalen Friedensstandorte in Anwendungszonen für vertrauens- und sicherheitsbildenden Maßnahmen stattfinden, in Kraft. Die Verstöße der Streitkräfte müssen allerdings militärisch bedeutsam sein und es muss sich ein Mitglied der OSZE um seine Sicherheit besorgt zeigen.[303]

Der Hohe Rat nimmt bei der Umsetzung der ganzen OSZE- Instrumenten der Frühwarnung, der vorbeugenden Diplomatie, der Konfliktverhütung und der Krisenbewältigung eine besondere Stellung ein. Er fördert die Schritte der Entspannung und leitet die Wahrnehmung von guten Diensten, Vermittlungen, Schlichtungen ein. Der

---

299 Vgl. ebd., S. 35.

300 Vgl. Wenig, Marcus, S. 137.

301 Vgl. ebd., S. 35.

302 Vgl. ebd., S. 35.

303 Vgl. ebd., S. 35.

Hohe Rat bestimmt außerdem die Verfahrensweisen und Mechanismen der friedlichen Streitbeilegung und schafft damit oft den Rahmen für eine Verhandlungslösung. Nur er kann die Entsendung von Erkundungs- und Berichterstattermissionen beschließen.[304]

5.4 Bewertung der Instrumente der OSZE zur friedlichen Streitbeilegung

Keines der Streitbeilegungsinstrumente erlaubt allerdings ein Einschreiten bei rein inner-staatlichen Streitfällen. Gerade diese Streitfälle sind aber in der Vergangenheit häufig aufgetreten. Die meisten Instrumente der OSZE können erst nach der freiwilligen Zustimmung der betroffenen Staaten eingeleitet werden.[305] Der Verhandlungsvorrang macht deutlich, dass die OSZE zuerst immer politische Lösungen vor der Einsetzung ihrer Instrumente bevorzugt.[306] Die Instrumente der OSZE sind auch nicht verpflichtend von den betroffenen Staaten anzuwenden.[307] Die Verfahren enden immer lediglich mit Kommentaren, Ratschlägen, Vorschlägen und Empfehlungen. Diese Resultate sind für die Streitparteien nicht rechtlich verbindend, soweit sie nicht etwas anderes vereinbart haben. Durch die größtenteils rechtliche Unverbindlichkeit der Ergebnisse der OSZE-Instrumente stellt sich allerdings noch die Frage der politischen Verbindlichkeit.[308] Was politisch verbindlich ist, wird allerdings in der Sphäre des Politischen und nicht in der des Rechts festgelegt. Die politische Verbindlichkeit ist aber immer nur so stark wie der Preis, den man bei einer Nichteinhaltung bezahlen muss.[309] Deshalb sind bei Verhandlungen die Machtpositionen der jeweiligen Staaten genau zu beachten. Ein Staat mit einer starken Machtposition wird immer unverbindliche Verhandlungslösungen bevorzugen, weil er viel eigenes Gewicht einbringen kann und somit nur einen geringen Preis bei einem eventuellen Verstoß befürchten muss. Die Staaten mit einer schwachen Machtposition werden hingehen versuchen, rechtliche Lösungen anzustreben, weil ihr wirtschaftliches und politisches Gewicht nicht den Preis eines

304 Vgl. ebd., S. 35f.

305 Vgl. Leue, Michael, Die Organisation für Sicherheit und Zusammenarbeit in Europa (OSZE) und ihre Instrumente zur friedlichen Streitbeilegung, Frankfurt am Main 1997, S. 160.

306 Vgl. ebd., S. 162.

307 Vgl. ebd., S. 163.

308 Vgl. ebd., S. 168.

309 Vgl. ebd., S. 169.

Verstoßes verringern kann. Zumindest mit einer Streitbeilegung durch eine Drittpartei konnte bisher schon oft die Position eines schwachen Staates ausgeglichen werden. Gerade die 1975 unterzeichnete KSZE-Schlussakte von Helsinki zeigt eindrucksvoll, dass rein politisch verbindliche Dokumente oft mehr bewirken können als rein rechtsverbindliche Verpflichtungen. Schließlich können durch politische Verpflichtungen oft weitreichendere Vereinbarungen als im rechtlichen Vertragsbereich abgeschlossen werden. Da aber eine Verletzung von politischen Verpflichtungen nur schwer rechtlich zu bestrafen ist, kann ein politisch verbindliches Ergebnis nur erfolgreich sein, wenn es von einem bestimmten politischen Willen getragen ist.[310] Als Faustformel könnte man also feststellen, dass ein rechtlich verbindliches Ergebnis einem politisch verbindlichen Ergebnis vorzuziehen ist. Ein politisch verbindliches Ergebnis ist aber in jedem Fall, wenn die Gefahr besteht, gar kein Ergebnis zu erreichen, den Vorzug zu geben.[311] Letztendlich sollte man aber bei all seinen Überlegungen berücksichtigen, dass selbst die Nichtbefolgung von politischen Verpflichtungen schon einschneidende Folgen für die Streitparteien haben kann, weil das Image eines Staates auf der internationalen Bühne ein nicht zu unterschätzendes Gewicht hat.[312] Trotz der Tatsache, dass bisher die OSZE- Instrumente nur in einem unzufriedenstellenden Maße genutzt wurden, kann man feststellen, dass schon alleine die bloße Existenz dieser Instrumente als großer Erfolg gewertet werden kann.[313] Bei der großen Spannweite der OSZE ist es sehr schwierig eine gemeinsame Auffassung aller Staaten zu finden.

Die OSZE kann sich eben gerade nicht auf kulturelle, historische, politische, wirtschaftliche und rechtliche Gemeinsamkeiten innerhalb ihrer 56 Staaten umfassenden Organisation stützen.[314] Der OSZE fällt es daher sehr schwer, bei ihrer regional weit überspannten Struktur, die durch ihre fehlende Rechtsdurchsetzungskraft noch zusätzlich geschwächt wird, eine Wertegemeinschaft zu bilden.[315] Solange sie ihre Defizite nicht beheben kann, stellt die OSZE nicht mehr dar, als ein „ehrlicher Makler", deren Instrumente zur friedlichen Streitbeilegung lediglich als mechanisierte diplomatische Prozesse dienen.[316]

---

310 Vgl. ebd., S. 170f.

311 Vgl. ebd., S. 171.

312 Vgl. ebd., S. 172.

313 Vgl. ebd., S. 179f.

314 Vgl. ebd., S. 183.

315 Vgl. ebd., S. 184.

316 Vgl. ebd., S. 185.

5.5 Die Estland-Mission der OSZE

Das nach außen hin sichtbarste Zeichen der sicherheitspolitischen Aktivität der OSZE sind ihre Missionen. Die Estland-Mission ist ein gutes Beispiel für eine OSZE-Beobachtermission. Sie enthielt die von der OSZE vorgeschriebene Mitgliederzahl, hatte mit der Wahlbeobachtung eine klassische Aufgabe und es gelang den Mitgliedern der Mission die notwendigen Kooperationsstrukturen aufzubauen. Leider zeigt die Estland-Mission aber auch den begrenzten Einfluss der OSZE-Missionen auf die betreffenden Staaten.

Der Hohe Rat hat im Dezember 1992 beschlossen, eine Beobachtermission nach Estland zu schicken.[317] Der Aufgabenbereich umfasste die Wahrung der Menschenrechte, Förderung und Integration von Minderheiten, Förderung der Stabilität und des Dialogs zwischen den Volksgruppen. Außerdem sollte die Mission zur Stabilisierung der politischen Lage beitragen und den gesellschaftlichen Entwicklungsprozess vorantreiben.[318] Es wurden Kontakte zu den estnischen Parteien, Gewerkschaften und Behörden aufgenommen, um den Dialog zwischen den Volksgruppen und diesen Einrichtungen in den Bereichen Staatsangehörigkeit, Sprach- und Einwanderungsfragen und Soziales zu fördern. Die Mission sollte außerdem selbst Informationen sammeln und den estnischen Behörden beim Aufbau einer zivilen Gesellschaft helfen. Die Mission setzte sich aus sechs Mitgliedern zusammen und unterhielt ihre Büros in Tallin, Kohta-Järva und Narva. Die Missionsmitglieder beobachteten im Oktober 1993 die Wahlen zu den örtlichen Selbstverwaltungskörperschaften und kamen zu einer positiven Einschätzung. Die Frage der in Estland lebenden Ausländer, die größtenteils Russen aus den sowjetischen Streitkräften waren, beschäftigten die Mission schon in einer frühen Phase. Dabei sollte man auch bedenken, dass Estland ab dem 20.08.1991 souverän wurde. Bei der Ausländerfrage ging es um die doppelte Staatsangehörigkeit ohne Vorurteile und um eine neue Sprachpolitik. Der HKNM empfahl die Integration der nicht-estnischen Bevölkerung.[319] Die Mission nahm an den Verhandlungen der Regierungskommission zur Durchführung der Vereinbarung zur sozialen Absicherung pensionierter russischer Militärangehöriger vom 26.07.1994 teil.[320] Neue Entwicklungen, wie z.B. die Änderung der Wahlgesetze im Dezember 1998, nachdem nun jeder Staatsbürger Estlands, der über hinreichende der Staatssprache verfügte, sich nun als Kandidat für die Parla-

---

317 Vgl. Tudyka, P. Kurt, S. 164.

318 Vgl. Weber, Bernd, S. 37.

319 Vgl. Tudyka, P. Kurt, S. 164f.

320 Vgl. Weber, Bernd, S. 37.

ments- oder die Kommunalwahlen aufstellen lassen konnte, zeigten zwar Fortschritte, stießen aber seitens der OSZE immer noch auf starke Kritik. Die Kritik der OSZE berief sich bei diesem Wahlgesetz auf die Nichterhaltung der europäischen Menschenrechtskonvention und den Internationalen Pakt über bürgerliche und politische Rechte. Der estnische Präsident kam diesem Ersuchen der OSZE nicht nach, sondern veranlasste, dass diese Gesetzesänderung zum 01.05.1999 in Kraft trat. Im Jahre 1998 wurde deshalb seitens der OSZE ein Programm zum Training der estnischen Sprache eingeführt. Es sollte dabei helfen, die estnischen Sprachkenntnisse in der nicht estnischsprachigen Bevölkerung zu verbessern, um damit ihre Integration im Lande zu erleichtern. Die Mission war Vollmitglied im Vorstand des UNDP/PHARE-Projektes und damit gut mit der Umsetzung und Ausführung des Programms vertraut.[321] Die Mission arbeitete mit den estnischen Behörden, dem Europarat und dem HKNM der OSZE zusammen.[322]

---

321 Vgl. Tudyka, P. Kurt, S. 166.

322 Vgl. Weber, Bernd, S. 37.

6 Die ESVP

6.1 Geschichte der europäischen Verteidigungspolitik

Seit 1970 fand im Zuge der Europäischen Politischen Zusammenarbeit (EPZ) eine Kooperation der EG-Mitgliedstaaten im Bereich der Außenpolitik statt.[323] Das Ziel der EPZ war aber nicht die Vergemeinschaftung der Außenpolitik, sondern eine bessere gegenseitige Verständigung durch Konsultationen und eine Harmonisierung der Standpunkte. Erst in der Einheitlichen Europäischen Akte (EEA) wurde die EPZ auch vertraglich verankert. Dadurch verpflichteten sich die Mitglieder zur gegenseitigen Beratung und Information. Das Ziel dabei war ein koordiniertes und abgestimmtes Vorgehen bei wichtigen internationalen Fragen, in internationalen Gremien und bei internationalen Verhandlungen zu gewährleisten. Allerdings blieb es in EPZ auch nach 1987 nur bei einer Koordination der nationalen Außenpolitiken der Mitgliedsstaaten.[324] Nach dem Ende des Kalten Krieges wurde 1993 in den Vertrag von Maastricht die Gemeinsame Außen- und Sicherheitspolitik (GASP) als zweite Säule festgeschrieben. Anders als die erste supranationale Säule der Europäischen Gemeinschaften ist die zweite Säule der GASP nur intergouvernemental gestaltet.[325] Durch die GASP werden die EU-Mitgliedsstaaten zur Solidarität und zum gemeinsamen Handeln verpflichtet. Sie sollen die Außenpolitik der Union aktiv und vorbehaltlos unterstützen und alle Handlungen unterlassen, die den Interessen der Union widersprechen.[326] Durch den Vertrag von Amsterdam von 1997 wurde im Bereich der GASP das Amt des „Hohen Vertreters für die GASP" eingeführt, eine „Strategieplanungs- und Frühwarneinheit" geschaffen und festgelegt, dass die WEU von der Union „in Anspruch" genommen werden konnte.[327]

Nachdem die britische Regierung auf dem französisch-britischen Gipfeltreffen am 4. Dezember 1998 in St. Malo ihre ablehnende Haltung gegenüber einer europäischen Verteidigungspolitik aufgab, war der Weg zur Schaffung einer Europäischen Sicherheits- und Verteidigungspolitik innerhalb der zweiten Säule der GASP frei.[328] Die beiden

---

323 Vgl. Deutscher Bundestag, Wissenschaftliche Dienst, S. 1.

324 Vgl. Hochleitner, Erich P., S. 154f.

325 Vgl. Deutscher Bundestag, Wissenschaftliche Dienst, S. 1.

326 Vgl. Hochleitner, Erich P., S. 157.

327 Vgl. ebd., S. 180ff.

328 Vgl. Deutscher Bundestag, Wissenschaftliche Dienst, S. 1.

europäischen Staaten einigten sich darauf, dass die Union die Fähigkeit für autonome Aktionen bei der Bewältigung von Internationalen Krisen haben sollte, glaubwürdige militärische Kräfte und effiziente Entscheidungsstrukturen benötigt, dass die Union bei der strategischen Planung unnötige Duplizierungen vermeiden soll und dass die NATO weiterhin der Grundpfeiler der kollektiven Verteidigung ihrer Mitglieder bleiben sollte.[329]

Durch die negativen Erfahrungen der EU gerade im Kosovo Krieg, wo die Union auf die militärische Hilfe der NATO und damit auch der USA angewiesen war, wurde der Aufbau der ESVP noch weiter beschleunigt. Auf dem Gipfel der Europäischen Staats- und Regierungschefs am 3./4. Juni 1999 in Köln wurde daher der Aufbau einer operativen und eigenständigen ESVP als integraler Bestandteil der GASP beschlossen. Damit schien in naher Zukunft ein eigenständiges EU-Krisenmanagement möglich.[330] Allerdings sollte es nur durchgeführt werden, wenn die NATO nicht als Ganzes beteiligt ist.[331] Die Stellung der ESVP innerhalb der EU wird in der Abbildung 10 deutlich.

---

329 Vgl. Hochleitner, Erich P., S. 198f.

330 Vgl. Warnken, Monja, S. 191.

331 Vgl. Deutscher Bundestag, Wissenschaftliche Dienst, S. 1.

Abbildung 10: Die Stellung der GASP und der ESVP in der EU

Quelle: http://de.wikipedia.org/wiki/bild:Saeulenmodell_EU.png vom 11.06.2007.

Auf dem Gipfel des Europäischen Rates im Dezember 1999 in Helsinki wurde schon die Einrichtung neuer politisch-militärischer Gremien und der Aufbau einer schnellen Eingreiftruppe festgelegt. Die europäische Rapid Reaction Force (RRF) sollte bis zum Jahre 2003 ein Truppenkontingent von 60.000 Soldaten für Krisenreaktionseinsätze umfassen. Dieses Truppenkontingent sollte innerhalb von 60 Tagen und für eine Operationsdauer von bis zu einen Jahr weltweit einsetzbar sein.[332] Außerdem wurde auf dem Europäischen Rat von Feira im Juni 2000 ein konkretes Planziel für den zivilen Sektor beschlossen. Ab dem Jahre 2003 sollen auch 5000 Polizisten für einen internationalen Einsatz bereit stehen. Von den 5000 Polizisten müssen dabei 1000 innerhalb von 30 Tagen entsendungsbereit sein.[333]

Der Nizzaer Vertrag von 2000 brachte nur wenige Konkretisierungen. Es wurde lediglich bekräftigt, dass bis zum Jahre 2003 60.000 Soldaten einsatzbereit, 100.000 Soldaten in Reserve gehalten, 400 Kampfflug-

332 Vgl. Wogau, von Karl, S. 52.

333 Vgl. ebd., S. 52f.

zeuge und 100 Kriegsschiffe für die „Petersberg-Aufgaben" der EU zur Verfügung stehen sollen.[334]

Nach den Terroranschlägen vom 11. September 2001 in New York wurde von den europäischen Staats- und Regierungschefs am 21. September 2001 ein Aktionsplan zur Terrorbekämpfung beschlossen. Die EU befürwortete darin die Bildung einer globalen Koalition gegen den Terror. Auf dem EU-Gipfel in Laeken im Dezember 2001 wurde deshalb über eine bessere Terrorbekämpfung und die Möglichkeit von Petersberg-Einsätzen auch außerhalb des EU-Raumes nachgedacht. Am 13. Juni 2002 verabschiedete der Rat der EU einen Rahmenbeschluss zur Terrorbekämpfung. Nach den Terroranschlägen in Madrid vom 11. März 2004 nahmen die europäischen Staats- und Regierungschefs am 25. März 2004 auf dem Gipfel in Brüssel eine Erklärung zum Kampf gegen den Terrorismus an. Diese Erklärung sah eine effizientere Zusammenarbeit zwischen ihren Nachrichtendiensten und der Polizei vor. Außerdem wurde die Solidaritätsklausel des gescheiterten Verfassungsvertrages, die die gegenseitige Hilfe der EU-Mitgliedsstaaten im Falle eines Terroranschlages vorsah, zumindest schon politisch in Kraft gesetzt. Letztendlich wurde am 25. März 2004 Herr Gijs de Vries zum ersten Anti-Terror-Beauftragten der EU berufen.[335]

Am 1. Januar 2003 übernahm die EU ihren ersten Polizeieinsatz in Bosnien-Herzegowina und am 31. März 2003 bestritt die EU ihren ersten Militäreinsatz in Mazedonien.[336] Seitdem beteiligte sich die ESVP an 17 Missionen, von denen schon 7 beendet sind. Die meisten Operationen hatten bisher einen zivilen Charakter. Mit der Weiterführung der NATO-geführten SFOR-Operation in Bosnien und Herzegowina übernahm die EU mit der Mission „Althea" im Dezember 2004 ihre bisher größte militärische Operation. Die letzte große militärische Operation der EU fand zur Absicherung der Wahlen im Kongo statt und konnte Ende 2006 erfolgreich abgeschlossen werden.[337]

Am 12. Dezember 2003 beschlossen die EU-Außenminister eine gemeinsame Sicherheitsstrategie der EU.[338] Die Strategie definiert die EU als globalen Akteur, der durch ein aktiveres außenpolitisches Handeln mehr Verantwortung für die globale Sicherheit übernehmen

---

334 Vgl. Timmermann, Heiner, Pradetto, August, Die NATO auf dem Weg ins 21. Jahrhundert, Münster 2002, S. 179.

335 Vgl. Hauser, Gunther, S. 35f.

336 Vgl. ebd., S. 34.

337 Vgl. Deutscher Bundestag, Wissenschaftliche Dienst, S. 6.

338 Vgl. http://www.uni-kassel.de/fb10/frieden/themen/Europa/strategie.html vom 09.06.2007.

soll.[339] Das Hauptziel der Sicherheitsstrategie ist die gemeinsame Analyse von Gefahren, die von Massenvernichtungswaffen, Terrorismus, der organisierten Kriminalität, von regionalen Konflikten, von „failed states" und von Flüchtlingsströmen ausgehen.[340] Dieser neue umfassende Sicherheitsbegriff trug zur funktionellen und geographischen Erweiterung der Petersberg-Aufgaben bei. Zu dem neuen so genannten „Petersberg-Plus-Aufgaben" zählen unter anderem gemeinsame Entwaffnungsoperationen und die Unterstützung von Drittländern im Kampf gegen den Terrorismus. Generell wurde das präventive Gesamtinstrument der EU hervorgehoben und der Einsatz von militärischer Gewalt als letztes Mittel nicht ausgeschlossen.[341] Letztendlich ist ein effizienter Multilateralismus der bestimmende Grundsatz der EU-Strategie.[342]

Auf dem Gipfeltreffen in Brüssel wurde im Juni 2004 ein neues Planziel, das so genannte Headline Goal 2010, festgelegt. Es soll die EU-Mitgliedsstaaten bis 2010 in die Lage versetzten, das gesamte Spektrum der Petersberg-Plus Aufgaben zu erfüllen. Als zentraler Baustein des Headline Goals 2010 kann das Battle Group-Konzept gesehen werden. Die Battle Groups stellen eine besondere Form von schnellen Eingreiftruppen für die Erfüllung der Petersberg-Aufgaben aus Artikel 17 Absatz 2 EUV dar. Sie sind etwa 1500 Mann stark, sollen innerhalb von fünf bis zehn Tagen einsatzfähig sein und 120 Tage operieren können. Seit Beginn des Jahres 2007 verfügt die EU über zwei Battel Groups, die zwei Missionen gleichzeitig ausführen können.[343] Die EU-Staaten haben zugesagt, von 2005 an schrittweise 18 Battel Groups zur Verfügung zu stellen. Da die ESVP intergouvernemental strukturiert sind, unterstehen die nationalen Truppenkontingente aber weiterhin ihren jeweiligen Regierungen. Außerdem verfügen die Battle Groups anders als die NRF nur über begrenzte See- und Luftunterstützung.[344] Neben den Battle Groups spielt die im Juli 2004 geschaffene Europäische Verteidigungsagentur eine weitere wichtige Rolle im Headline Goal 2010 Konzept. Sie soll den Bedarf an der zukünftig benötigten Ausrüstung feststellen, einheitliche Standards für die militärischen Fähigkeiten festlegen und alle Fähigkeitslücken fest-

---

339 Vgl. Deutscher Bundestag, Wissenschaftliche Dienst, S. 3.

340 Vgl. Hauser, Gunther, S. 35.

341 Vgl. Deutscher Bundestag, Wissenschaftliche Dienst, S. 3f.

342 Vgl. Hauser, Gunther, S. 35.

343 Vgl. Deutscher Bundestag, Wissenschaftliche Dienst, S. 5.

344 Vgl. Perthes, Volker, Mair, Stefan, Europäische Außen- und Sicherheitspolitik: Aufgaben und Chancen der deutschen Ratspräsidentschaft, SWP, Berlin, September 2006, S. 19f.

stellen.[345] Letztendlich will die EU bis zum Jahre 2008 auch über einen eigenen Flugzeugträger verfügen.[346]

Auf der zivilen Beitragskonferenz am 22. November 2004 stellten die EU-Mitgliedsstaaten der EU im zivilen Bereich 5761 Polizisten, 631 Juristen, 562 Experten aus dem Bereich der öffentlichen Verwaltung und 4988 Personen für den Zivilschutz zur Verfügung.[347] Diese sollen für den Aufbau von Polizeiverwaltungen und rechtstaatlichen Institutionen, für die Zivilverwaltung und den Katastrophenschutz in den betroffenen Ländern eingesetzt werden.[348]

Im Dezember 2004 legte der Europäische Rat auch ein neues ziviles Planziel, dass so genannte Civilian Headline Goal 2008, fest.[349] Es soll die Entwicklung der zivilen Krisen-interventions- und Stabilisierungsfähigkeiten der EU verbessern und Anforderungen für das Personal und die Ausrüstungen festlegen. Im Juni 2005 hat der Europäische Rat auch die Bildung von so genannten Civilian Responce Teams beschlossen. Bis Ende 2006 haben die EU-Mitgliedsstaaten bereits 100 Experten für diese Teams zur Verfügung gestellt. All diese Experten sollen gleich nach dem Abschluss von Kampfhandlungen in ein Krisengebiet entsendet werden können.[350] Der große Vorteil der ESVP liegt somit darin, dass sie militärische und zivile Komponenten miteinander verbindet. Diese Strategie scheint sicherheits-politisch sehr innovativ zu sein, da sie ideal an einen Konfliktverlauf anpassbar ist.[351] Die Notwendigkeit von ziviler und militärischer Konfliktbearbeitung wird in Abbildung 11 klar.

---

345 Vgl. Deutscher Bundestag, Wissenschaftliche Dienst, S. 5.

346 Vgl. Blanck, Kathrin, S. 200.

347 Vgl. ebd., S. 189.

348 Vgl. Perthes, Volker, Mair, Stefan, S. 20.

349 Vgl. Deutscher Bundestag, Wissenschaftliche Dienst, S. 4.

350 Vgl. Perthes, Volker, Mair, Stefan, S. 20.

351 Vgl. Ehrhart, Hans-Georg, Schmitt, Burkard, Die Sicherheitspolitik der EU im Werden: Bedrohungen, Aktivitäten, Fähigkeiten, Nomos-Verlagsgesellschaft, 1. Auflage, Baden-Baden 2004, S. 264.

Abbildung 11: Die zivilen und militärischen Anteile der Konfliktbearbeitung

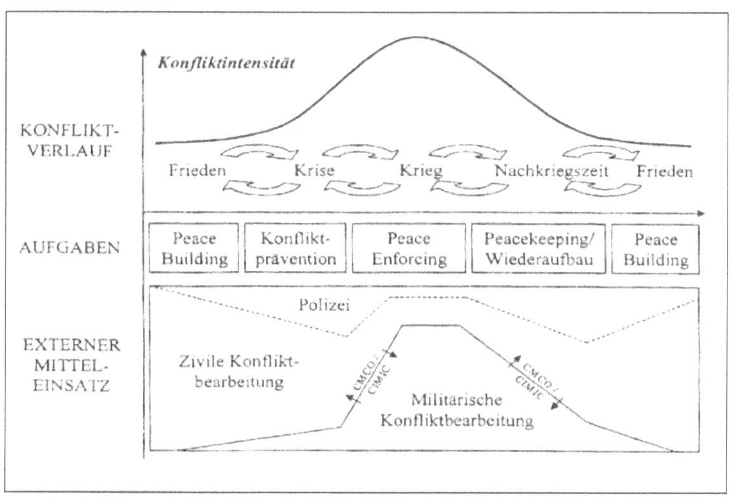

Quelle: Ehrhart, Hans-Georg, Die Sicherheitspolitik der EU im Werden: Bedrohungen, Aktivitäten, Fähigkeiten, Nomos-Verlagsgesellschaft, 1. Auflage, Baden-Baden 2004, S. 263.

Seit dem 1. Januar 2007 verfügt die EU auch über ein eigenes Operationszentrum, dass die Planung und Durchführung von autonomen zivilen EU-Operationen und für militärische EU-Operationen in zahlenmäßig begrenzten Umfang übernehmen soll.[352]

6.2 Institutionen der ESVP

Da die ESVP intergouvernemental gestaltet ist, hat der Europäische Rat in Sicherheits- und Verteidigungsfragen größeren Einfluss als die Europäische Kommission. Damit treffen die Mitgliedsstaaten immer noch die letzte Entscheidung. Nur das Solidaritäts- und Kohärenzgebot aus Artikel 11 Absatz 2 EUV stellt ein generelles und inhaltliches Korrektiv dar, dass eine gemeinsame europäische Außen- und Sicherheitspolitik ermöglicht.[353]

352 Vgl. Deutscher Bundestag, Wissenschaftliche Dienst, S. 6.

353 Vgl. Blanck, Kathrin, Die europäische Sicherheits- und Verteidigungspolitik im Rahmen der europäischen Sicherheitsarchitektur, Springer-Verlag, Wien 2005, S. 152.

Der *Europäische Rat*, der die Staats- und Regierungschefs umfasst, hat eine politische Leitungsfunktion, indem er nach Artikel 4 Absatz 1 EUV berechtigt ist, der Union die erforderlichen Impulse zu geben und die politischen Zielvorstellungen festzulegen.[354] Im Bereich der GASP und bei verteidigungspolitischen Fragen beschließt der Europäische Rat auf der Grundlage des Artikel 13 Absatz 1 EUV die Grundsätze und allgemeinen Leitlinien. Außerdem ist er nach Artikel 13 Absatz 2 EUV berechtigt, gemeinsame Strategien in Bereichen wo wichtige gemeinsame Interessen der Mitgliedsstaaten bestehen, festzulegen.[355] Letztendlich kann der Europäische Rat gemäß Artikel 17 Absatz 1 EUV eine gemeinsame Verteidigung beschließen und den Mitgliedsstaaten die Annahme dieses Beschlusses empfehlen.[356]

Der Rat in der Konstellation des *Rates für „Allgemeine Angelegenheiten"*, der sich aus den europäischen Außenministern zusammensetzt, ist für die Umsetzung und Konkretisierung der Vorgaben aus dem Europäischen Rat verantwortlich. Die allgemeinen Leitlinien des Europäischen Rates können dabei erst nach einem einstimmigen Beschluss implementiert werden.[357]

Der sechsmonatige *Vorsitz des Rates* repräsentiert laut Artikel 18 Absatz 1 und 2 EUV die Union nach außen und ist damit auch für die GASP zuständig. Der Vorsitz kann durch den Hohen Vertreter für die GASP und einem Vertreter der Kommission unterstützt werden.[358]

Der *Hohe Vertreter für die GASP* existiert seit dem Amsterdamer Vertrag. Er begleitet gleichzeitig das Amt des Generalsekretärs des Rates. Laut Artikel 26 EUV soll er dem Rat helfen zu politischen Entscheidungen zu kommen. Er kann auch auf Ersuchen des Vorsitzes und im Namen des Rates dazu ermächtigt werden, den politischen Dialog mit Dritten zu führen. Durch den Vertrag von Nizza wurde geregelt, dass der Hohe Vertreter für die GASP im Krisenfall den Vorsitz über das Politische und Sicherheitspolitische Komitee übertragen bekommt. Insgesamt gesehen hat er aber nur Unterstützungs- und Konsultationsfunktionen.[359]

In der sechsten Erklärung der Schlussakte des Amsterdamer Vertrages wurde im Generalsekretariat des Rates eine *Strategieplanungs- und*

---

354 Vgl. ebd., S. 153.

355 Vgl. Warnken, Monja, S. 37.

356 Vgl. Blanck, Kathrin, S. 154.

357 Vgl. Warnken, Monja, S. 38.

358 Vgl. ebd., S. 40.

359 Vgl. Blanck, Kathrin, S. 157f.

Frühwarneinheit geschaffen, die dem Generalsekretär untersteht.[360] Sie setzt sich aus Mitgliedern des Generalsekretariates, der Mitgliedsstaaten, der Kommission und der WEU zusammen und ist ein Instrument der Krisenprävention.[361]

Innerhalb der Strategie- und Frühwarneinheit wurde dann später ein *Lagezentrum* geschaffen. Es ist 24 Stunden pro Tag besetzt und erhält direkte Informationen von dem Europäischen Satellitenzentrum aus Torrejon. Seine Aufgabe ist es, eine Risikobeurteilung an den ESVP-Militärausschuss weiterzuleiten und den PSK Informationen zur Verfügung zu stellen.[362]

Aufgrund des Beschlusses des Rates vom 14.02.2000 wurde ein *Politisches und Sicherheitspolitisches Komitee* (PSK) geschaffen. Das PSK besteht aus diplomatischen Vertretern der Mitgliedsstaaten und ist als „Motor" der ESVP als auch der GASP zu sehen. Es übernimmt unter der Verantwortung des Rates die politische Kontrolle und die strategische Leitung von Operationen zur Krisenbewältigung. Weiterhin verfolgt es die internationale Lage in den Bereichen der GASP, ist privilegierter Ansprechpartner des Hohen Vertreters der GASP, ist bevorzugter Dialogpartner für ESVP-Fragen und es soll im Krisenfall alle denkbaren Optionen im einheitlichen europäischen Rahmen im Hinblick auf eine europäische Reaktion suchen.[363]

Die *Europäische Kommission* ist laut Artikel 27 EUV in vollem Umfang an den Arbeiten im Bereich der GASP zu beteiligen. Damit ist für sie in diesem Bereich ein Informationsanspruch und ein Recht zur Stellungnahme verbunden.[364] Allerdings verfügt die Kommission im Bereich der GASP über kein Initiativrecht.[365]

Das *Europäische Parlament* hat laut Artikel 21 EUV bei GASP-Fragen nur ein Anhörungsrecht, ein Recht auf regelmäßige Unterrichtung durch den Vorsitz und ein Recht auf mündliche und schriftliche Anfragen.[366] Das Europäische Parlament hat in GASP-Fragen damit nur ein Mitsprache-, aber kein Mitentscheidungsrecht.[367]Allerdings kann das Europäische Parlament laut Artikel 28 Absatz 2 EUV im Haushaltsverfahren einen Einblick über die Finanzen der GASP und der

---

360 Vgl. Warnken, Monja, S. 42.

361 Vgl. Blanck, Kathrin, S. 159.

362 Vgl. ebd., S. 159.

363 Vgl. ebd., S. 160f.

364 Vgl. Warnken, Monja, S. 42f.

365 Vgl. Blanck, Kathrin, S. 163.

366 Vgl. ebd., S. 164.

367 Vgl. Warnken, Monja, S. 43.

ESVP bekommen. Dies ist somit die einzige Möglichkeit der demokratischen Kontrolle der ESVP durch das Europäische Parlament.[368]

Neben all diesen Politischen Entscheidungsstrukturen wurden am 22.01.2001 auch zwei militärische Institutionen aufgebaut.[369] Die erste Institution war der *Militärausschuss*, der das höchste militärische Gremium des Rates darstellt.[370] Er setzt sich aus den nationalen Generalstabschefs und ihren jeweiligen militärischen Vertretern zusammen. Der Vorsitzende des Militärausschusses ist ein Vier-Sterne-General, der vom Rat für eine Amtszeit von 3 Jahren bestimmt wird.[371] Der Militärausschuss soll das PSK umfassend militärisch beraten.[372] Außerdem soll es dem PSK einschlägige Empfehlungen abgeben und im Krisenfall die militärische Leitung aller militärischen Aktivitäten der Union übernehmen. Bisher ist der Militärausschuss nicht primärrechtlich, sondern nur sekundärrechtlich legitimiert.[373]

Die zweite militärische Institution ist der *Militärstab*. Der Militärstab wird auf Weisung des Militärausschusses tätig, ist Teil des Generalsekretariates des Rates und setzt sich aus Militärpersonal der Mitgliedsstaaten zusammen. Er wird von einem Drei-Sterne-General geleitet, der nach der Weisung des Militärausschusses tätig wird.[374] Der Militärstab hat etwa 130 Mitarbeiter.[375] Die Hauptfunktion des Militärstabes liegt in der Frühwarnung, Lagebeurteilung und der strategischen Planung im Bezug auf die Durchführung der Petersberg-Aufgaben, unabhängig, ob auf NATO-Mittel zurückgegriffen wird oder nicht.[376] Der Militärstab soll der Union damit militärisches Fachwissen zur Verfügung stellen, was gerade bei der Planung und Beurteilung von Krisenbewältigungskonzepten und Militärstrategien sehr wichtig ist.[377] Letztendlich ist er auch für die Pflege der ständigen Beziehungen zur NATO zuständig und er soll sicherstellen, dass die Kohärenz mit dem NATO-Verteidigungsprozess gewährleistet ist.[378]

---

368 Vgl. Blanck, Kathrin, S. 165f.

369 Vgl. ebd., S. 167.

370 Vgl. Warnken, Monja, S. 196.

371 Vgl. Blanck, Kathrin, S. 167.

372 Vgl. Bocquet-Brandeck, Müller Gisela, Europäische Außenpolitik, GASP- und ESVP-Konzeptionen ausgewählter EU-Mitgliedsstaaten, Nomos-Verlagsgesellschaft, Baden-Baden 2002, S. 138.

373 Vgl. Blanck, Kathrin, S. 167f.

374 Vgl. Warnken, Monja, S. 197.

375 Vgl. Bocquet-Brandeck, Müller Gisela, S. 138.

376 Vgl. Blanck, Kathrin, S. 168.

377 Vgl. Warnken, Monja, S. 197.

378 Vgl. Blanck, Kathrin, S. 169.

Neben den militärischen Institutionen wurden innerhalb der ESVP ab 2000 auch Gremien und Instrumente für die zivile Konfliktprävention geschaffen. Am 22. Mai 2000 wurde ein *Ausschuss für die nichtmilitärischen Aspekte der Krisenbewältigung* durch den Rat eingesetzt. Er setzt sich aus Vertretern der Mitgliedsstaaten zusammen, hat eine Scharnierfunktion zwischen der ersten und zweiten Säule und soll die Zielvorgaben für das zivile Krisenmanagement präzisieren. Er soll gegenüber den Ratsgremien, z.B. den PSK, Empfehlungen abgeben, Informationen zur Verfügung stellen und beratend auftreten.[379] Die gesamt Organisationsstruktur der ESVP kann in der Abbildung 12 nachvollzogen werden.

Abbildung 12: Die Organisationsstruktur der GASP/ESVP

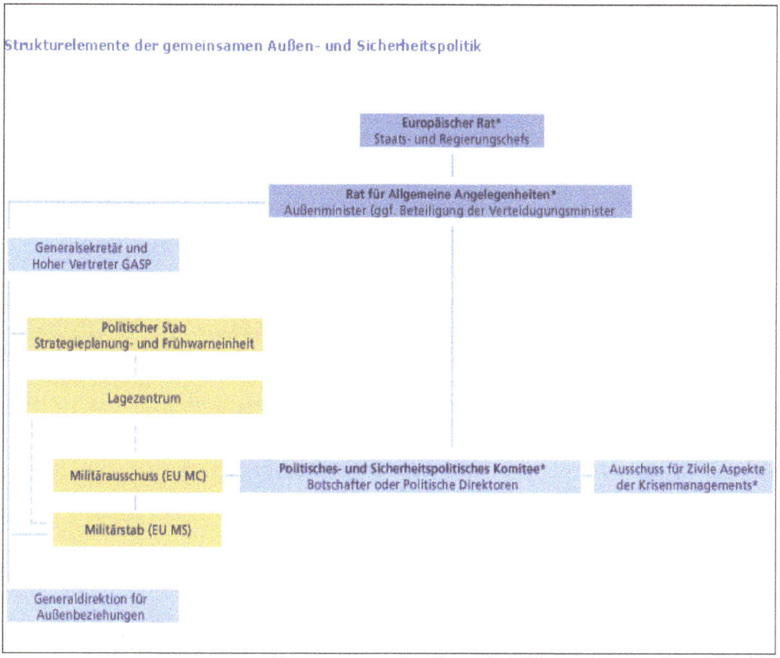

Strukturelemente der gemeinsamen Außen- und Sicherheitspolitik

Europäischer Rat*
Staats- und Regierungschefs

Rat für Allgemeine Angelegenheiten*
Außenminister (ggf. Beteiligung der Verteidigungsminister

Generalsekretär und
Hoher Vertreter GASP

Politischer Stab
Strategieplanung- und Frühwarneinheit

Lagezentrum

Militärausschuss (EU MC)

Politisches- und Sicherheitspolitisches Komitee*
Botschafter oder Politische Direktoren

Ausschuss für Zivile Aspekte
der Krisenmanagements*

Militärstab (EU MS)

Generaldirektion für
Außenbeziehungen

Quelle: http://www.europa-reden.de/info/esvp.htm vom 09.06.2007.

Innerhalb des General-Direktorates für Außenbeziehungen existiert eine *Konfliktpräventions- und Krisenmanagementeinheit*. Sie ist die wichtigste Institution innerhalb der Kommission was Fragen der Umsetzung und Evaluierung bei der Konfliktprävention angeht. Sie über-

379 Vgl. ebd., S. 170.

nimmt auch die Koordinierung des Krisenreaktionsmechanismusses und wird als Hauptverbindungselement zwischen der Kommission und den betreffenden Ratsgremien tätig.[380]

Letztendlich schuf der Rat auf Vorschlag der Kommission am 26. Februar 2001 einen *Krisenreaktionsmechanismus,* der dazu beitragen soll, die humanitären, wirtschaftlichen, finanziellen und zivilen Ressourcen der EU aus der ersten Säule im Krisenfall schnell und wirksam nutzen zu können.[381]

6.3 Aufgaben, Einsetzung und Finanzierung der ESVP

In dem Artikel 11 Absatz 1 EUV finden sich erste Ansätze über die *Ziele* der ESVP.[382] Seit dem Maastrichter Vertrag erhielt die Sicherheitspolitik und die Verteidigungsdimension einen höheren Stellenwert. Der Artikel 11 Absatz 1 EUV legt das Ziel der Stärkung der Sicherheit der Union in all ihren Formen und damit ihrer Außensicherheit fest. Weiterhin wird das Ziel der Friedenswahrung und Stärkung der internationalen Sicherheit erwähnt. Dieses Ziel macht die Bereitschaft der Union zu militärischen Interventionen klar.[383]

Die wichtigste Rechtquelle im Primärrecht im Bezug auf die Durchführung militärischer oder ziviler Operationen der Union ist aber Artikel 17 Absatz 2 EUV. In ihm werden die bereits von der WEU bekannten Petersberg-Aufgaben, wie humanitäre und friedenserhaltende Auf-gaben sowie friedensschaffende Maßnahmen bis hin zu Kampfeinsätzen zur Krisenbewältigung, als das materielle Kernstück der verteidigungspolitischen Aktivitäten der EU definiert.[384]

Das wichtigste Instrument der GASP in Hinblick auf die *Einsetzung der ESVP* sind die Gemeinsamen Aktionen. Die Gemeinsamen Aktionen werden bei spezifischen Situationen, in denen eine operative Aktion der EU notwendig ist, vom Rat angenommen. Dabei sind in ihnen die Ziele, der Umfang, die finanziellen Mittel, die Bedingungen und der Zeitraum genau festgelegt. Außerdem sind die Gemeinsamen Aktionen für die EU-Mitgliedsstaaten bindend.[385] Damit sind sie das beste Instrument zur Festlegung militärischer und ziviler Operationen

---

380 Vgl. ebd., S. 170f.

381 Vgl. ebd., S. 171.

382 Vgl. Warnken, Monja, S. 34.

383 Vgl. Blanck, Kathrin, S. 174.

384 Vgl. ebd., S. 176.

385 Vgl. Warnken, Monja, S. 50f.

innerhalb der ESVP. Sie bildeten auch die Rechtgrundlage aller bisherigen ESVP-Missionen.[386]

Die Finanzierung der ESVP ist nicht einheitlich geregelt. In dem Artikel 11 des Maastrichter Vertrages wurde festgelegt, dass die administrativen Ausgaben für die ESVP aus dem EU-Budget finanziert werden. Die operativen Ausgaben für die ESVP waren hingegen durch die EU-Mitgliedstaaten selbst zu tragen. Dies führte oft zu einem Klassifikationsstreit zwischen dem Europäischen Rat und dem Europäischen Parlament. Deswegen wurde diese Regelung im Vertrag von Amsterdam überarbeitet. Der Artikel 28 EUV legt nun fest, dass die administrativen Ausgaben und die operativen Ausgaben für die ESVP aus dem EU-Budget getragen werden können. Allerdings ist bei den operativen Ausgaben auch weiterhin eine andere Finanzierung, z.B. durch die Mitgliedsstaaten, möglich.[387] Generell werden aber Finanzaus-gaben für die GASP als nicht-obligatorische Ausgaben eingestuft, auf die das Europäische Parlament großen Einfluss hat. Die Kosten für die Maßnahmen mit militärischen oder verteidigungspolitischen Bezügen innerhalb der ESVP werden nach dem Bruttonationaleinkommen auf die Mitgliedsstaaten verteilt und sind den haushaltsrechtlichen Befugnissen des Europäischen Parlaments entzogen.[388] Damit tragen immer noch die großen EU-Mitgliedsstaaten den höchsten Kostenanteil für die ESVP.[389] Seit Mai 1999 existiert aber ein Interinstitutional Agreement, worin sich der Europäische Rat verpflichtet, das Europäische Parlament über alle Kosten in diesem Bereich zu informieren.[390]

6.4 Die Vorschläge zur ESVP im Verfassungsvertrag

Die ESVP bleibt auch im Verfassungsvertrag von 2004 ein integraler Bestandteil der intergouvernemental strukturierten GASP. Dennoch gab es eine Reihe von Änderungen im Bereich der ESVP. Es wurden in Artikel III-309 Absatz 1 VVE die Petersberg-Aufgaben um „gemeinsame Abrüstungsmaßnahmen“, „Aufgaben der militärischen Beratung und Unterstützung“, „Aufgaben der Konfliktverhütung und

---

386 Vgl. Blanck, Kathrin, S. 183.

387 Vgl. Ehrhart, Hans-Georg, Schmitt, Burkard, S. 245f.

388 Vgl. Deutscher Bundestag, Wissenschaftliche Dienst, S. 2.

389 Vgl. Ehrhart, Hans-Georg, Schmitt, Burkard, S. 256.

390 Vgl. ebd., S. 247.

der Erhaltung des Friedens" und „Operationen zur Stabilisierung der Lage nach Konflikten" erweitert.[391]

Weiterhin wurden neue Formen der flexiblen Integration innerhalb der ESVP eingeführt und erweitert. Diese beinhalten zum einen die Möglichkeit zur Durchführung von zivilen und militärischen Missionen durch eine nicht näher bestimmte Gruppe von Mitgliedsstaaten, die über die erforderlichen Fähigkeiten verfügen. Die betroffenen Mitgliedsstaaten müssen vom Ministerrat durch einen einstimmigen Beschluss ermächtigt werden. Da keine feste Mindestteilnehmerzahl festgelegt ist, können bereits zwei Mitgliedsstaaten eine europäische Mission durchführen.[392]

Zum anderen wurde durch Artikel I-41 Absatz 6 VVE für die Mitgliedsstaaten, die die „anspruchsvollen Kriterien in Bezug auf die militärischen Fähigkeiten erfüllen und die bereit sind, in Hinblick auf Missionen mit höchsten Anforderungen festen Verpflichtungen abzugeben", die Möglichkeit der *ständigen strukturierten Zusammenarbeit* eröffnet.[393]

Die Einsetzung der ständigen strukturierten Zusammenarbeit erfolgt nach der Notifikation der interessierten Mitgliedsstaaten an den Ministerrat und die Außenminister der Europäischen Union durch einen qualifizierten Mehrheitsbeschluss des Rates binnen drei Monaten. Die Mitgliedsstaaten, die den Anforderungen nicht oder nicht mehr gerecht werden können jederzeit suspendiert werden.[394]

Weiterhin wurde eine *kollektive Unterstützungsklausel* in Artikel I-41 Absatz 7 VVE entwickelt. Dabei sichern sich gegenseitig alle EU-Mitgliedsstaaten bei einem bewaffneten Angriff auf eines ihrer Territorien alle in ihrer Macht stehende Hilfe und Unterstützung zu. Bei dieser Form der engeren Zusammenarbeit handelt es sich aber noch nicht um eine genaue militärische Beitragsverpflichtung.[395] Die NATO soll aber für ihre Mitglieder weiterhin das Fundament der kollektiven Verteidigung bleiben und im Bündnisfall Vorrang haben.[396]

In allen Politikbereichen und damit auch in Verteidigungsfragen wurde in dem Verfassungsvertrag die Möglichkeit einer *verstärkten*

---

391 Vgl. Petersohn, Ulrich, Lang, Sibylle, Die Zukunft der ESVP nach den gescheiterten Referenden, Stiftung Wissenschaft und Politik Aktuell 34, Berlin August 2005, S. 2.

392 Vgl. Blanck, Kathrin, S. 230.

393 Vgl. Petersohn, Ulrich, Lang, Sibylle, S. 1.

394 Vgl. Blanck, Kathrin, S. 232.

395 Vgl. ebd., S. 234f.

396 Vgl. ebd., S. 236.

Zusammenarbeit in Artikel I-43 vorgesehen. Im Bereich der GASP kann eine verstärkte Zusammenarbeit allerdings nur begonnen werden, wenn es einen einstimmigen Beschluss aller Mitgliedsstaaten gibt. Es müssen auch mindestens ein Drittel aller EU-Mitgliedsstaaten an dieser Zusammenarbeit teilnehmen. Diese Form der Zusammenarbeit soll aber nur als letztes Mittel dienen.[397]

Letztendlich wurde in Artikel I-42 VVE auch eine Solidaritätsklausel festgeschrieben. Diese sieht bei einem Terroranschlag oder einer Katastrophe natürlichen oder menschlichen Ursprungs innerhalb eines EU-Mitgliedstaates die solidarische Hilfe der EU und aller ihrer Mitgliedstaaten vor. Die Union soll in diesen Fällen alle ihr zur Verfügung stehenden Mittel, einschließlich der ihr von den Mitgliedstaaten bereitgestellten militärischen Mittel zur Verfügung stellen, um dem betroffenen Mitgliedsstaat zu helfen. Diese Klausel würde vom Ministerrat und den PSK durchgeführt werden.[398]

Neben der Erweiterung der Petersberg-Aufgaben und den neuen Formen der flexiblen Integration wurde in der Verfassung auch die Einführung des Amtes eines Europäischen Außenministers vorgeschlagen.[399] Er soll eine Doppelrolle als Vorsitzender im Rat für Außenbeziehungen und als Vize-Präsident der Kommission mit der Zuständigkeit für die Außenbeziehungen und der Koordinierung der übrigen Aspekte des auswärtigen Handeln der Union übernehmen. Seine Wahl soll durch den Europäischen Rat mit qualifizierter Mehrheit erfolgen.[400] Bis heute gibt es aber nur einen Hohen Vertreter der Europäischen Union für Außen- und Sicherheitspolitik und noch keinen richtigen Europäischen Außenminister. Dem europäischen Außenminister soll bei der Erfüllung seiner Aufgaben ein „Europäischer Auswärtiger Dienst" helfen. Diese befindet sich aber noch im Aufbau. Er soll sich aus Beamten des Rates und der Kommission sowie Diplomaten der Mitgliedsstaaten zusammensetzten.[401] Außerdem sah der Verfassungsvertrag auch den Aufbau einer Europäischen Verteidigungsagentur vor, die dann 2004 auch eingerichtet wurde.[402]

In Bezug auf die Beteiligung des Europäischen Parlaments an der ESVP gab es in der VVE kaum Veränderungen. Es wurde lediglich festgeschrieben, dass der europäische Außenminister darauf achten soll, dass die Auffassungen des Parlaments gebührend berücksichtigt

---

397 Vgl. Gnesotto, Nicole, S. 176f.

398 Vgl. ebd., S. 175.

399 Vgl. Petersohn, Ulrich, Lang, Sibylle, S. 2.

400 Vgl. Deutscher Bundestag, Wissenschaftliche Dienst, S. 3.

401 Vgl. Gnesotto, Nicole, S. 174.

402 Vgl. Blanck, Kathrin, S. 243.

werden. Außerdem sollen die Aussprachen mit dem Parlament über die Fortschritte bei der Durchführung der GASP nun zweimal anstatt einmal jährlich stattfinden.

Letztendlich sind in der VVE die Instrumente der GASP, wie die gemeinsamen Strategien, Aktionen und Standpunkte, nicht mehr vorgesehen. Es soll stattdessen „Europäische Beschlüsse über Aktionen und Standpunkte" geben, die Sekundärrechtsakte darstellen.[403]

Obwohl die europäische Verfassung aufgrund der gescheiterten Referenden in Frankreich und der Niederlande im Jahre 2005 bisher nicht in Kraft treten konnte, ist es nicht zum Stillstand bei der Weiterentwicklung der ESVP gekommen. Die neuen ESVP-Institutionen, wie z.B. das PSK und der Militärausschuss wurden schon vor den gescheiterten Referenden geschaffen. Die Verteidigungsagentur hat schon 2004 ihre Arbeit aufgenommen. Das Headline Goal 2010 wurde schon zum Teil umgesetzt, die Erweiterung des Aufgabenspektrums der ESVP ist bereits durch die Europäische Sicherheitsstrategie von 2003 erfolgt und die Solidaritätsklausel ist seit 2004 schon in Kraft. Die Annahme des VVE würde aber helfen die ESVP qualitativ weiterzuentwickeln, da mit der Verfassung die ESVP verbindlich kodifiziert werden würde.[404]

6.5 Die „Concordia"-Mission der ESVP

Bevor die EU mit ihrer „Concordia-Mission" der ESVP in Mazedonien aktiv wurde, war schon die NATO im Jahre 2002 mit den Operationen „Amber Fox" und ab Dezember 2002 mit der Operation „allied harmony" in Mazedonien aktiv. [405] Am 27.01.2003 beschloss dann der Rat für Allgemeine Angelegenheiten und Außenbeziehungen durch eine gemeinsame Aktion die Durchführung der ESVP-Operation „Concordia" in Mazedonien.[406] Damit war der Weg für die erste militärische Krisenmanagementoperation der ESVP frei.[407]

Am 31.03.2003 begann durch die Ablösung der NATO-Operation „allied harmony" die Operation „Concordia.[408] Die ESVP-Mission konnte aber auf Planungseinrichtungen und die logistische Unterstüt-

---

403 Vgl. Deutscher Bundestag, Wissenschaftliche Dienst, S. 3.

404 Vgl. Petersohn, Ulrich, Lang, Sibylle, S. 3.

405 Vgl. http://www.europa-reden.de/info/esvp.htm vom 09.06.2007.

406 Vgl. Ehrhart, Hans-Georg, Schmitt, Burkard, S. 253.

407 Vgl. Deutscher Bundestag, Wissenschaftliche Dienst, S. 6.

408 Vgl. Ehrhart, Hans-Georg, Schmitt, Burkard, S. 253.

zung der NATO zurückgreifen. Damit kam es erstmals zur praktischen Umsetzung des Berlin-Plus-Abkommens mit der NATO.[409] Das Ziel der ESVP-Mission war die Unterstützung der Umsetzung des Ohrid Agreements von 2001 und der Implementation der UN-Resolution 1371.[410] Generell gesehen sollte damit einer Destabilisierung der Region entgegengewirkt werden. Immerhin gab es 2001 eine gewalttätige Konfrontation zwischen den Sicherheitskräften der slawischen Mazedonier und den bewaffneten Gruppen der ethnischen Albaner.[411] Weiterhin sollten auch die internationalen Beobachter der OSZE und der EU geschützt werden. An der Mission nahmen 350 Soldaten aus 13 EU-Staaten und 14 Nicht-EU-Ländern teil.[412] Die operative Leitung der ESVP-Mission führte das NATO-Hauptquartier in Mons unter der Leitung von Deputy SACEUR Admiral Reiner Feist durch. Der Chef der Truppen war Brigadier-General Pierre Maral, da Frankreich als „framework nation" der Mission agierte.[413] Obwohl die Mission nur für 6 Monate geplant war, wurde sie Ende Juli 2003 bis zum 15. Dezember 2003 verlängert.[414] Die Mission kostete der EU in den ersten 6 Monaten etwa 6,2 Millionen Euro. Dazu kamen noch die individuellen Kosten der teilnehmenden Staaten.[415] Die Mission diente sicherlich dazu, die militärischen Fähigkeiten der ESVP und das Zusammenspiel mit der NATO zu prüfen.[416] Gleich nach dem Ende der „Concordia"-Mission setzte die EU die kleine Polizeimission EUPOL PROXIMA ein. Sie sollte beim Aufbau und der Entwicklung eines effizienten Polizeiapparates helfen und das Land damit weiter stabilisieren. An dieser zivilen Mission nahmen 200 EU-Polizeibeamte teil. Damit zeigte die EU, dass sie zu einem gezielten Einsatz der militärisch und zivilen Komponenten in der Lage ist.[417]

---

409 Vgl. Pinka, Daniel, S. 59f.

410 Vgl. Ehrhart, Hans-Georg, Schmitt, Burkard, S. 252.

411 Vgl. ebd., S. 275.

412 Vgl. http://www.europa-reden.de/info/esvp.htm vom 09.06.2007.

413 Vgl. Ehrhart, Hans-Georg, Schmitt, Burkard, S. 253.

414 Vgl. http://www.europa-reden.de/info/esvp.htm vom 09.06.2007.

415 Vgl. Ehrhart, Hans-Georg, Schmitt, Burkard, S. 253.

416 Vgl. http://www.europa-reden.de/info/esvp.htm vom 09.06.2007.

417 Vgl. Ehrhart, Hans-Georg, Schmitt, Burkard, S. 275.

6.6 Die Beziehungen zwischen USA und Europa im Sicherheitsbereich

Es ist sehr wahrscheinlich, dass sich die USA auch weit bis in das nächste Jahrhundert intensiv an der Regelung der europäischen Sicherheit beteiligen wird. Aber das derzeitige Ausmaß des amerikanischen Übergewichts, mit der Absicherung fast jeden Teils der Erde, wird wohl kaum auf Dauer erhaltbar bleiben.[418] Die bisherige Dominanz der Vereinigten Staaten von Amerika lässt sich aus dem Zusammenwirken einer Kombination von einzigartigen Fähigkeiten, ethischen Überzeugungen und politischer Gestaltungskraft erklären. Nur der USA ist es momentan noch möglich, global ihr ganzes Spektrum von Politik, Wirtschaft und Militär für die Verfolgung ihrer Ziele und Ideale einzusetzen. Da Europa im Bereich der militärischen Fähigkeiten immer noch nicht zu den USA aufschließen konnte, sind Spannungen zwischen den USA und Europa schon vorhersehbar.[419]

Aber auch die momentane amerikanische Vormachtstellung hat ihre natürlichen Grenzen. Die omnipotente militärische Projektion der USA kann zur Auszehrung der anderen öffentlichen Aufgabenbereiche in den Vereinigten Staaten von Amerika führen. Die größte Gefahr für „Nummer eins-Länder", wie es die USA momentan ist, besteht im wesentlichen darin, dass sie die äußeren Herausforderungen dazu zwingen, mehr Ressourcen auf dem Militärsektor zu konzentrieren, obwohl zugleich ihre relative ökonomische Kraft nachlässt. Dieser Verfallsprozess kann sich dann durch das vermehrte Fehlen des Kapitals für produktive Investitionen sogar noch beschleunigen.[420] Solange die USA noch so stark wie heute sind, sollten die wichtigsten regionalen Partner und gerade die Europäer beginnen, sich auf ein Leben nach der amerikanischen Vorherrschaft einzustellen. Kurzfristig wird wohl die USA mit der Führung der NATO fortfahren und weiter die inneren Reformen der NATO bestimmen. Langfristig sollten die USA und die Europäer aber Maßnahmen unternehmen, die zu einer schrittweisen Übertragung von zunehmender Verantwortung auf die Europäische Union beitragen.

Durch die europäische Integration wurde das Ziel, einen Krieg zwischen den Mitgliedstaaten der EU, praktisch schon in den Köpfen zu verhindern, erreicht. Es ist jetzt wichtig diesen revolutionären Erfolg unter der langfristigen Perspektive eines amerikanischen Rückzuges abzusichern. Im 21. Jahrhundert muss die USA zum Partner der Eu-

---

418 Vgl. Volle / Weidenfeld, S. 36.

419 Vgl. Hars, Henning, S. 16.

420 Vgl. ebd., S. 17.

ropäer werden und nicht wie früher zu seinem Friedensstifter.[421] Die Europäische Union hat deshalb 2001 auf dem Gipfel des Europäischen Rates in Laeken klargestellt, dass sie dazu bereit ist, Arbeiten und Lasten mit der USA zu teilen.[422] Die EU hat im Rahmen der ESVP schon die notwendigen institutionellen Strukturen für diese Lastenübernahme im Sicherheitsbereich geschaffen. Sie ist meiner Meinung nach im Bereich des zivilen Krisenmanagements schon auf einem sehr guten Weg und sogar jetzt schon erfolgreicher als die USA. Allerdings fehlen der EU im militärischen Bereich noch die erforderlichen Mittel für die Erfüllung der Petersberg-Plus-Aufgaben. Die bisherigen 2 Battel Groups reichen nur für die Durchführung von mittelgroßen Operationen innerhalb Europas. Für große und anspruchsvolle militärische Operationen innerhalb Europas braucht die EU weiterhin die Hilfe der NATO und der USA. In Zukunft sollte die EU die Anzahl der Battle Groups der ESVP schnell erhöhen, damit sie auch große militärische Operationen innerhalb Europas ohne amerikanische Hilfe ausführen kann. Meiner Meinung nach sollte die EU spätestens bis 2015 in der Lage sein, jede militärische Operation innerhalb Europas selbst auszuführen. Solange die EU ihre militärischen Kapazitäten nicht weiter ausbaut, wird die EU weiterhin von der NATO und der USA abhängig bleiben. Allerdings ist zu bezweifeln, ob die USA bereit sind, den vollständigen militärischen Ausbau der ESVP zu akzeptieren, da die USA dadurch in Zukunft ihren militärischen Einfluss auf Europa verlieren würde. Wenn die USA aber den militärischen Ausbau der ESVP unterstützen würde, könnte sie sich effizienter auf die Bewältigung der internationalen Krisen außerhalb Europas konzentrieren.

Letztendlich wird für den Erfolg der Zusammenarbeit zwischen der USA und den Europäern in Zukunft entscheidend sein, ob der bisherige amerikanische Sicherheitstransfer nach Europa weiter eine transatlantische Einbahnstraße bleibt oder ob gleichberechtigte Konsultationen zwischen den neuen Partnern möglich sind.[423]

---

421 Vgl. Volle / Weidenfeld, S. 36.

422 Vgl. Hars, Henning, S. 17.

423 Vgl. ebd., S. 18.

7 Analyse der WEU, NATO, OSZE und ESVP

7.1 Bewertung der WEU, ESVP, NATO und der OSZE

Die WEU spielte im Kalten Krieg keine entscheidende Rolle. Erst nach der Unterzeichnung der Maastrichter Vertrages von 1991 belebten die Europäer die WEU wieder. Die verteidigungspolitische Schwäche der EU zeigte allerdings, dass nur die Integration der WEU in die EU und eine engere Kooperation der EU mit der NATO die Lage stabilisieren kann. Auf dem Gipfeltreffen des Europäischen Rates 1999 in Köln wurde deshalb erklärt, dass die EU die notwendigen Mittel und Fähigkeiten erhalten sollte, um im Rahmen einer neuen Europäischen Sicherheits- und Verteidigungspolitik glaubwürdige militärische Fähigkeiten aufzubauen. Die EU soll in Zukunft zu autonomen Handlungen, die unabhängig von Maßnahmen der NATO sind, ermächtigt werden.[424] Seit den Erklärungen von 1999 hat die EU ihren Worten auch schon viele Taten folgen lassen. Ab 2000 wurden die notwendigen Institutionen für die ESVP geschaffen. Die WEU hatte ab 2000 nur noch Restfunktionen zu erfüllen. Ab 2003 wurden die ersten ESVP-Missionen erfolgreich bestritten und die europäische Sicherheitsstrategie grenzte die Sicherheitsvorstellungen der EU klar ab. Dennoch bleibt noch viel zu tun, damit die ESVP in der Lage ist, Missionen im Bereich des höheren Petersberg-Spektrums und die Petersberg-Plus-Aufgaben in vollem Umfang zu erfüllen.[425] Im Headline Goal 2010 wurden in dieser Hinsicht wichtige Entscheidungen zur qualitativen Verbesserung der militärischen Fähigkeiten getroffen. In der Zukunft scheint aber eine Vollintegration der ESVP und die Erweiterung der Aufgaben der ESVP hin zu einer kollektiven Selbstverteidigung sehr unwahrscheinlich. Dies hängt hauptsächlich damit zusammen, dass innerhalb der intergouvernemental strukturierten ESVP bisher und sicherlich auch in Zukunft die EU-Mitgliedsstaaten nicht dazu bereit sein werden, auf ihre nationalstaatliche Souveränität im Sicherheits- und Verteidigungsbereich zu verzichten. Meiner Meinung nach sollte aber die ESVP in Zukunft der dritte Bereich der Vollintegration neben dem Binnenmarkt und dem Euro werden. Nur ein auf Dauer sicheres und militärisch eigenständiges Europa kann den Bürgern und der Wirtschaft stabile Rahmenbedingungen bieten.

Neben den Interessen der EU-Mitgliedsstaaten sind für die weitere Entwicklung der ESVP aber auch das Auftreten internationaler Kri-

424 Vgl. Weber, Bernd, S. 78.

425 Vgl. Blanck, Kathrin, S. 203.

sen, die weitere Entwicklung der amerikanischen Sicherheitspolitik und die Rolle der NATO entscheidend.[426]

Die NATO befindet sich in einer ihr schon bekannten Phase der Umorientierung. Das Bündnis bewährte sich nicht nur im Kalten Krieg, sondern trägt auch noch heute zur Stabilität der europäischen Sicherheitsarchitektur bei. Die zukünftige Ausgestaltung der Europäischen Sicherheits- und Verteidigungspolitik kann die Flexibilität der NATO wesentlich erhöhen.[427] Falls die ESVP weiterhin ihre Fähigkeiten zur Durchführung europäischer Missionen ausbaut, könnte die NATO sich dann verstärkt globalen Einsätzen widmen. Das Berlin-Plus-Abkommen ist dabei der Beweis, dass die NATO bereit ist, ihren europäischen Partnern zu helfen selbst handlungsfähig zu werden. Dennoch scheint unbestritten, dass die NATO für ihre Mitglieder weiterhin der Eckpfeiler der kollektiven Verteidigung bleibt. Die Osterweiterung der NATO war notwendig, um den mittel- und osteuropäischen Staaten eine neue Sicherheitsperspektive zu geben. Sie ist aber auch als ein wichtiger Aspekt der politischen Integration in Europa zu sehen, da die NATO-Mitgliedschaft den mittel- und osteuropäischen Staaten den Weg zum EU-Mitglied ebnete. Diese Erfolge müssen aber langfristig durch eine strategische Partnerschaft mit Russland abgesichert werden.[428]

Die OSZE ist eine „Regionale Abmachung" im Sinne des Kapitels VIII der Charta der UNO. (siehe Abb. 13) Die Vereinten Nationen erkennen damit an, dass die Ziele und Grundsätze der OSZE mit ihren eigenen zusammenpassen.[429] Die OSZE als größte europäische Sicherheitsorganisation spielt eine entscheidende Rolle bei der Sicherung von Frieden, Stabilität und Sicherheit in Europa. Die von der OSZE festgelegten Verpflichtungen und Standards bilden die Grundlage für die Entwicklung einer umfassenden und kooperativen europäischen Sicherheitsarchitektur.[430] Sie kann zwar versuchen, Sicherheit unter ihren Mitgliedern herzustellen, aber nicht die Sicherheitsgarantien bieten wie ein Bündnis. Der Vorteil der OSZE liegt daher in der kooperativen Sicherheitspolitik, die zur Stabilisierung und Konfliktverhütung in Gebieten, wo ein Konfliktpotential besteht, dient.[431] Die OSZE ist außerdem die einzige umfassende europäische Organisation, wo die „Problemstaaten" gleichberechtigt teilnehmen können. Das

---

426 Vgl. Petersohn, Ulrich, Lang, Sibylle, S. 3f.

427 Vgl. Weber, Bernd, S. 58.

428 Vgl. ebd., S. 46.

429 Vgl. Presse- und Informationsamt der Bundesregierung, OSZE, S. 13.

430 Vgl. Tudyka, P. Kurt, S. 92.

431 Vgl. Hochleitner, Erich. P., S. 141.

Konsensprinzip ist die wichtigste Grundlage für dauerhafte Entscheidungen. Der vollkommene gleichberechtigte Status aller Teilnehmerstaaten in der OSZE ermöglicht auch Beschlüsse, die woanders schon als Einmischung von außen verstanden würden. Die in der OSZE eingegangenen Verpflichtungen betreffen oft auch Angelegenheiten, die früher noch als innere Angelegenheiten angesehen wurden. Die Einbeziehung dieser inneren Angelegenheiten gibt der OSZE die Möglichkeit, eine unparteiliche dritte Partei ohne Gesichtsverlust einzubinden.[432]

Abbildung 13: Ein Vergleich der VN, OSZE, NATO/WEU

	VEREINTE NATIONEN	OSZE	NATO/WEU
RAUM	global	regional	regional
TEILNAHME	global	regional	sub-regional
STATUS	weltweit	regionale Abmachung (Helsinki Beschlüsse 1992)	Verteidigungsbündnis (Par. V/Par. 5
ZWECK	kollektive Sicherheit	kooperative Sicherheit (Kap. VIII)	kollektive Verteidigung (Kap. VII/Art. 51)
BESCHLUSS-FASSUNG	qualifizierte Mehrheit (Sicherheitsrat)	Konsens	Konsens
FRIEDENSERHALTENDE MASSNAHMEN / OPERATIONEN (PKO)	autonom (Praxis)	autonom (Helsinki-Beschlüsse)	im Auftrag von UN oder OSZE (Oslo/Petersberg-Beschlüsse
ERFAHRUNG IN PKO	einige Dekaden	«Missionen» seit 1992	seit 1996 (IFOR/SFOR)
ZWANGS-MASSNAHMEN	ja (Kap. VII)	nein (Helsinki-Beschlüsse)	ja (für UN/ Kap. VII/Art. 48)

Quelle: Vetschera, Heinz, Grenzen und Möglichkeiten kooperativer Sicherheitspolitik in Europa am Beispiel der OSZE, in: Hochleitner, Erich P., (Hrsg.), Das europäische Sicherheitssystem zu Beginn des 21. Jahrhunderts, Böhlau Verlag, Wien 2000, S. 147.

Bei all den Chancen, die die OSZE bietet, darf aber nicht vergessen werden, dass die OSZE in der Realität vor großen Koordinierungsproblemen steht, die ihre Handlungsfähigkeit erheblich einschränkten. Sie wird in den letzten Jahren immer mehr zwischen den diver-

432 Vgl. ebd., S. 142.

gierenden Interessen der EU/NATO und Russlands aufgerieben. Da alle Entscheidungen im Konsens getroffen werden müssen, gab es in der Vergangenheit viele Blockaden von wichtigen Projekten. Dieses Problem kann meiner Meinung nach nur gelöst werden, wenn auf das Konsensprinzip verzichtet wird und alle Entscheidungen mit Mehrheit gefällt werden müssen. Allerdings scheint die Einführung von Mehrheitsentscheidungen in der OSZE sehr unwahrscheinlich, da alle OSZE-Teilnehmerstaaten großen Wert auf ihre nationale Souveränität und ihre Gleichberechtigung legen. Es ist sehr wahrscheinlich, dass die OSZE an einer solchen Entscheidung zerbrechen würde. Deshalb konnte man schon in der Vergangenheit die Übertragung von Aufgaben und Instrumenten von der OSZE auf die EU beobachten. Das hängt zum einen damit zusammen, dass in der EU immer öfter mit Mehrheit entschieden wird. Sie ist damit im sicherheitspolitischen Bereich handlungsfähiger als die OSZE. Zum anderen verfügt die EU auch über erheblich mehr Ressourcen im sicherheitspolitischen Bereich als die OSZE.

7.2 Zusammenarbeit von WEU, NATO und OSZE

Die WEU gilt als integraler Bestandteil der Europäischen Union und als Instrument zur Stärkung der europäischen Pfeilers der NATO. Die Zusammenarbeit zwischen der WEU mit der NATO gestaltete sich sehr konstruktiv. Da der WEU operative Fähigkeiten fehlten, erklärte sich die NATO 1996 bereit, kollektive Ressourcen der NATO für WEU-Operationen, die zur Verfolgung der gemeinsamen Sicherheitspolitik im Kreise der europäischen Bündnispartner dienen, bereit zu stellen. Die Grundlage für diese Hilfe stellte das Konzept der Alliierten Streitkräftekommandos (Combined Joint Task Forces, CJTF) dar.[433] Diese militärische Zusammenarbeit wurde auch noch von gegenseitigen Konsultationen und gemeinsamen Tagungen begleitet.[434] Außerdem entwickelte die WEU selbst operative Fähigkeiten und bot diese Ressourcen auch der OSZE an.[435] Die WEU-Länder erklärten sich schon frühzeitig dazu bereit, der OSZE bei der Implementierung von Maßnahmen zur Konfliktverhütung und zum Krisenmanagement zu helfen. Weiterhin sprach sich die WEU für friedenserhaltende Aktivitäten im Rahmen eines UN-Mandats oder der OSZE aus.[436]

---

433 Vgl. Warnken, Monja, S. 121f.

434 Vgl. Weber, Bernd, S. 76.

435 Vgl. ebd., S. 40.

436 Vgl. ebd., S. 76.

Die NATO hat durch die Einrichtung des Euro-atlantischen Partnerschaftsrates (EAPR) Strukturen für die Zusammenarbeit mit den neuen Partnern geschaffen. Die NATO bot der OSZE auch schon ihre Hilfe an. Besonders in den Fragen der Friedenserhaltung baute die OSZE Kontakte mit dem EAPR aus.[437] Seit dem Ende des Ost-West-Konfliktes setzte sich die NATO, unter dem Gesichtspunkt der Gewährleistung einer gesamteuropäischen Stabilität, für die Einbeziehung der mittel- und osteuropäischen Länder, der ehemaligen Sowjetrepubliken und der europäischen Organisationen OSZE, EU und WEU ein. Im Juli 1992 wurden die teilnehmenden Außenminister der KSZE-Konferenz in Helsinki, in Anlehnung an das NATO-Konzept des peacekeepings beauftragt, einen Vorschlag für KSZE-Friedensoperationen zu erstellen.[438] Weiterhin haben sowohl die NATO als auch die OSZE in den letzten Jahren einen Mitgliederzuwachs erlebt. Dieser entstand seitens der Beitrittsländer zum einen aus dem Wunsch und zum anderen aus der Notwendigkeit heraus den internationalen Herausforderungen gerecht zu werden. Für die NATO und die OSZE war damit oft eine substantielle Veränderung verbunden, die sie aus Gründen der Zunahme ihrer Aufgaben absolvieren mussten. Beispielsweise nahm die Mitgliederzahl der OSZE von 1975 mit 35 Mitgliedern bis heute auf 56 Mitglieder zu.

Eine weitere Tatsache stellen die Verflechtungen der Mitgliedsstaaten mit z.B. Doppelmit-gliedschaften dar. Alle internationalen Organisationen neigen mehr oder weniger zu einem Zuständigkeits-Imperialismus, d.h. jeder versucht eine komplexe Aufgabe selbst zu erledigen.[439] Trotz dieser Differenzen in den internationalen Organisationen erkannte und erkennt man starke Zeichen der Zusammenarbeit. Dies wird zum einen an der Tatsache, dass sich der 1948 geschlossene Nordatlantikvertrag auf die Grundsätze und Ziele der Satzung der UNO berief, deutlich. Zum anderen beschäftigen sich die WEU, die NATO und die OSZE mit der europäischen Sicherheit und befinden sich alle in Europa. Alle Mitglieder der NATO und der WEU sind auch Teilnehmerstaaten der OSZE. Deswegen gibt es auch kein Konkurrenzverhältnis zwischen der NATO und der OSZE.[440]

Da die OSZE nicht über eigene Truppen verfügt, braucht sie die Hilfe der NATO und der WEU für ihre friedenserhaltenden Operationen.[441] Als Zeichen internationaler Zusammenarbeit kann man das von eini-

437 Vgl. ebd., S. 40.

438 Vgl. Hochleitner, Erich P., S. 300.

439 Vgl. Tudyka, P. Kurt, S. 87ff.

440 Vgl. Hochleitner, Erich P., S. 133.

441 Vgl. ebd., S. 135.

gen wichtigen Autoren vorgeschlagene Projekt, in dem die beteiligten Staaten bei verschiedenen Anlässen die bestehenden Organisationen zu einem Netzwerk zusammenwirkender Institutionen, sogenannter „*interlocking intitutions*", zusammenschließen wollten, bezeichnen. Dabei sollte jeder seinen Platz gemäß seines „komparativen Vorteils" finden. Weiterhin wurde auch im Helsinki-Dokument von 1992 ein „Informationsaustausch" und eine „Verbesserung der Zusammenarbeit und Kontakte" auf dem Stockholmer Ratstreffen vereinbart.[442]

Vor dem Hintergrund des Friedensprozesses im ehemaligen Jugoslawien verabschiedeten die Teilnehmerstaaten der OSZE auf dem Gipfeltreffen von Lissabon 1996 und auf der Ministerratstagung von Kopenhagen 1997 mehrere Beschlüsse, die dazu beitragen sollten, die Beziehungen zwischen den verschiedenen Institutionen auf eine realistische Basis zu stellen.[443] Die NATO hat in ihrer Erklärung von Washington im April 1999 anerkannt, dass die OSZE „eine wesentliche Rolle bei der Förderung von Frieden und Stabilität, der Erhöhung der kooperativen Sicherheit und der Förderung von Demokratie und Menschenrechten in Europa spielt." Es wird darin weiterhin festgestellt, dass die Instrumente der vorbeugenden Diplomatie, Konfliktverhütung, Krisenbewältigung und der Wiederaufbau nach Konflikten alleinige Angelegenheit der OSZE sind. Trotz allem wird in der Erklärung auf die enge praktische Zusammenarbeit der NATO und der OSZE gerade in dem Jugoslawien-Konflikt hingewiesen.[444]

Letztendlich arbeiteten die WEU, die NATO und die OSZE oft zusammen. Das Ziel dabei ist, eine effiziente und praxisorientierte Aufgabenverteilung zu erreichen sowie Koordination und Kooperation auf der Grundlage der jeweiligen Stärken der Organisationen zu gewährleisten. Dabei sollen Doppelarbeiten vermieden und Ressourcen eingespart werden. Die OSZE könnte also künftig die Erfahrungen der NATO, EU und WEU bei der Durchführung ihrer friedenserhaltenden Aktivitäten nutzen.[445] Bei all diesen Überlegungen ist zu bedenken, dass ein optimales Ergebnis einer Operation nur dann zu erreichen ist, wenn ein situationsgerechtes Zusammenspiel aller europäischen Sicherheitsinstitutionen erfolgt.[446]

Da die „kooperativen" und „nichtkooperativen" Strategien komplementär sind, müssen auch die jeweiligen Sicherheitsinstitutionen als komplementär anerkannt werden. Nur der komplementäre Charakter

---

442 Vgl. Tudyka, P. Kurt, , S. 90.

443 Vgl. Hochleitner, Erich P., S. 135.

444 Vgl. Presse- und Informationsdienst der Bundesregierung, OSZE, S. 13.

445 Vgl. Weber, Bernd, S. 40.

446 Vgl. Hochleitner, Erich P., S. 145.

bei den sicherheitspolitischen Strategien kann eine umfassende sicherheitspolitische Strategie ergeben. Für diese umfassende Strategie ist eine Maximierung der internationalen Kooperation mit den anderen Demokratien im Bereich der kooperativen Sicherheit, der kollektiven Sicherheit und der kollektiven Verteidigung notwendig. Nur durch diese Kooperationsmaximierung wird es möglich sein, möglichst viele Ebenen an der aktiven Gestaltung der zukünftigen europäischen Sicherheitspolitik mitwirken zu lassen.[447]

Aus verschiedenen Gründen besteht aber in diesem Zusammenarbeitsprozess eine durchaus ernst zu nehmende Gefahr, die die erreichte Institutionalisierung Europas als „Bauruine" enden lassen könnte. Die weite Expansion der internationalen Organisationen stößt außerdem auf Widerstand. Ein Ausweg aus dieser festgefahrenen Situation wäre die von anderen Autoren vorgeschlagene direkte Vernetzung und arbeitsteilige Umstrukturierung der europäischen Institutionen. Letztendlich müssten sie sich in einem *„Gemeinsamen Haus"* zusammenfinden. Ein „Gemeinsames Haus" würde den Entwurf einer Institution unter deren Dach alle zusammen kommen, nach sich ziehen. Diese Verschmelzung würde jedoch zuerst eine Reform der einzelnen Großorganisationen erfordern, indem Aufgaben- und Kompetenzüberschneidungen, zahlreiche Doppelungen und Überlagerungen erfasst und abgebaut werden müssten. Bevor sie also alle miteinander verbunden werden können, muss eine reibungslose Funktionsfähigkeit gewährleistet werden können.[448] Wie schnell diese internationale Zusammenarbeit und die dazugehörige Entwicklungsphase eintritt, hängt freilich immer von der Einsicht, dem Mut und dem Willen der einzelnen Regierung ab. Noch ist nicht vorstellbar, dass Aufgaben der OSZE einmal durch die NATO ausgeführt werden könnten.[449]

Meiner Meinung nach ist eine internationale Zusammenarbeit der Sicherheitsorganisationen aufgrund der weltpolitischen Lage sehr notwendig. Da die einzelnen Organisationen stark um ihre Eigenständigkeit kämpfen, scheint mir in Zukunft weiterhin nur die situationsbedingte Zusammenarbeit im Rahmen des *„interlocking intitutions"*-Konzeptes möglich. Sicherlich ist das „Gemeinsamen Haus"-Konzept, in der nur noch eine sicherheitspolitische Institution existieren würde, sehr interessant. Allerdings sind die einzelnen Sicherheitsorganisationen nicht bereit, sich in einer Institution zusammenzuschließen. Nach meiner Einschätzung wäre es auch sehr gefährlich, Organisationen der kooperativen Sicherheit, wie die OSZE,

---

447 Vgl. ebd., S. 146.

448 Vgl. Tudyka, P. Kurt, S. 94.

449 Vgl. ebd., S. 96.

mit Organisationen der kollektiven Verteidigung, wie der NATO, zu einer Institution zusammenzuschließen, da dann die Schwelle des Einsatzes militärischer Mittel sehr schnell sinken könnte. Außerdem scheint mir die Kontrolle einer solchen Mammutorganisation nahezu unmöglich. Das einzige was realistisch und wünschenswert erscheint, ist die Verbesserung der Kooperation der Sicherheitsorganisationen, um Doppelarbeiten zu vermeiden, gute Konzepte zu finden und eine gemeinsame und effiziente Vorgehensweise zu garantieren.

7.3 Verhältnis zwischen der ESVP, NATO, OSZE

Wenn man die EU mit ihrer ESVP und die NATO miteinander vergleichen will, muss man sich zuerst bewusst werden, dass es sich um zwei sehr unterschiedliche Einrichtungen handelt. Die NATO ist hauptsächlich eine militärische Organisation und die EU hat einen viel breiteren Zuständigkeitsbereich, der von der Wirtschaftspolitik bis zur Justiz geht. Erst nachdem 2001 die Zuständigkeiten der WEU auf die EU übertragen wurden, ist die Union auch im harten sicherheitspolitischen Bereich tätig. Trotz dieser erheblichen Unterschiede lassen sich auch große Gemeinsamkeiten, gerade was die Mitgliederstruktur betrifft, erkennen. Die NATO und die EU haben nahezu die gleichen europäischen Länder als Mitglieder.[450] Dies ist in Abbildung 14 nochmals genau ersichtlich.

---

450 Vgl. Gnesotto, Nicole, S. 155f.

Abbildung 14: Die Mitgliederstrukturen der WEU, EU, NATO

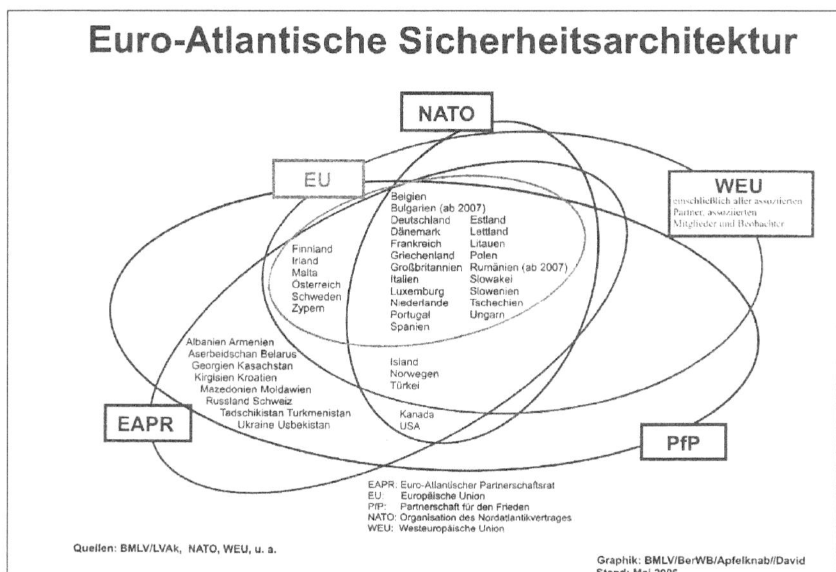

Quelle: Hauser, Gunther, Das europäische Sicherheits- und Verteidigungssystem und seine Akteure, BMLV, Wien 2006, S. 1.

Dennoch ist schon seit 1999 klar, dass nur „in den Fällen, in denen die NATO als Ganzes nicht beteiligt ist" ein autonomes Vorgehen der ESVP denkbar ist. Während der Verhandlungen von Nizza nahm der Rat aber eine klare Unterscheidung zwischen autonomen europäischen Operationen und Operationen, bei denen auf Mittel und Fähigkeiten der NATO zurück-gegriffen werden soll, vor.[451] Dabei darf auch nicht vergessen werden, dass die ESVP ein umfangreicheres Sicherheitskonzept erarbeitet hat als die NATO. In Zukunft sollte die EU versuchen ihre eigene Autonomie in Sicherheitsfragen weiter auszubauen.[452]

Dabei ist die Beziehung zwischen der ESVP und der NATO noch nicht ganz klar. Es wäre eine territoriale oder funktionale Aufteilung der Aufgaben vorstellbar. Die territoriale Aufteilung würde beinhalten, dass Europa mit der ESVP die Verantwortung für seine regionale Umgebung übernehmen würde und dass die NATO für Konflikte und Einsätze in der restlichen Welt zuständig wäre. Diese Option scheint aber in naher Zukunft noch sehr unwahrscheinlich zu sein, da

---

451 Vgl. ebd., S. 162f.

452 Vgl. ebd., S. 169f.

die USA und Europa noch über sehr unterschiedliche Fähigkeiten verfügen. Die EU mit ihrer ESVP verfügt über gute zivile Fähigkeiten, hat aber noch Defizite im militärischen Bereich. Die NATO ist auch dank der USA eine überwältigende Militärmacht, hat aber Defizite im zivilen Bereich. Deswegen scheint eine funktionale Verknüpfung der zivilen Fähigkeiten der Europäer mit den militärischen Fähigkeiten der NATO sinnvoller, da während eines Konfliktes sowohl zivile als auch militärische Mittel gleichzeitig benötigt werden. Letztendlich ist die Partnerschaft zwischen Europa und der USA in der globalen Sicherheitsordnung unverzichtbar.[453]

Die Mitglieder der EU sind, gerade auch aufgrund der GASP, innerhalb der OSZE immer sehr geschlossen aufgetreten. Zur Abstimmung ihrer Standpunkte findet ein wöchentliches Treffen der ständig bei der OSZE in Wien akkredierten Vertreter der EU-Mitglieder statt und es existiert eine OSZE-Arbeitsgruppe beim Europäischen Rat in Brüssel. Dieser EU-Block ist neben der USA und Russland in der OSZE beim Einbringen von Initiativen sehr erfolgreich, trägt aber dazu bei, dass viele kleinere OSZE marginalisiert werden.[454] Außerdem war die EU bisher auch in politischen Feldern und in Regionen tätig, wo die OSZE auch aktiv war.[455] Die Missionen der ESVP können allerdings unter einem Mandat der Vereinten Nationen, der OSZE oder der EU selbst stehen.[456] Die ESVP könnte durch ihre militärischen Fähigkeiten der OSZE helfen ihre Konzepte umzusetzen und überall dort eingesetzt werden, wo die Empfängerstaaten keine ausschließliche Stationierung russischer oder amerikanischer Truppen wünschen.

Was die zivilen Fähigkeiten der ESVP angeht, lässt sich feststellen, dass die OSZE und die EU auf die gleichen personellen Kapazitäten aus den EU-Mitgliedsstaaten zurückgreifen müssen. Allerdings verfügt die EU im zivilen Bereich über höhere finanzielle Mittel als die OSZE. Es ist auch erkennbar, dass die EU-Mitgliedsstaaten eher in der ESVP als in der OSZE das sicherheitspolitische Projekt der Zukunft sehen. Es besteht daher in Zukunft die Gefahr, dass die ESVP die OSZE schwächt. Der Aufbau der ESVP kann als Emanzipation von der OSZE eingeschätzt werden, der die Krise des Multilateralismus widerspiegelt.[457]

---

453 Vgl. Ehrhart, Hans-Georg, Schmitt, Burkard, S. 278f.

454 Vgl. Ehrhart, Georg-Hans, Die Europäische Sicherheits- und Verteidigungspolitik: Positionen, Perzeptionen, Probleme, Perspektiven, Nomos-Verlagsgesellschaft, Baden-Baden 2002, S. 296f.

455 Vgl. ebd., S. 296.

456 Vgl. Blanck, Kathrin, S. 172.

457 Vgl. Ehrhart, Georg-Hans, S. 301ff.

Schlussbemerkungen

Aus der Sicht der EU hat die *WEU* ihre Aufgabe fast erfüllt. Sie existiert nur noch um die Beistandspflicht aus Artikel 5 des WEU-Vertrages aufrechtzuerhalten, auf die sich die EU-Mitgliedsstaaten innerhalb der ESVP noch nicht einigen konnten.

Die *ESVP* ist seit 1999 auf einem guten Weg. Seit 2000 wurden systematisch alle not-wendigen Institutionen aufgebaut. Trotz guter ziviler Kapazitäten fehlen der ESVP noch ausreichende militärische Kapazitäten. Durch das Headline Goal 2010 scheint eine Verbesserung der militärischen Kapazitäten möglich. Allerdings ist eine Vollintegration der intergouvernementalen ESVP aufgrund des Kampfes der Mitgliedsstaaten um ihre sicherheitspolitische Souveränität in Zukunft sehr unwahrscheinlich. Dennoch wird der ESVP die Zukunft im sicherheitspolitischen Bereich in Europa gehören.

Für die *NATO* steht die euro-atlantische Sicherheitsstruktur im Vordergrund. Momentan gilt noch bei Verteidigung des Bündnisgebietes die Devise „NATO first". Der transatlantische Sicherheitsverbund und die Präsens der Vereinigten Staaten von Amerika in Europa werden auch im 21. Jahrhundert ein zentraler Bestandteil der Sicherheitsordnung sein. Trotz allem wird sich eine neue euro-atlantische Sicherheitsordnung herausbilden müssen. Inwieweit die EU zum Partner der USA werden kann, wird davon abhängen, inwieweit es ihr gelingt, ihre militärischen Kapazitäten auszubauen und ob sie die Unterstützung der USA für dieses Projekt bekommt.[458]

Die Istanbuler „Charta für Europäische Sicherheit" der *OSZE* von 1999 hob hervor, dass seit der Überwindung des Ost-West- Konfliktes und seit der Unterzeichnung der Charta von Paris im Jahre 1990 neue Bedrohungen für die gemeinsame Sicherheit entstanden sind. Diese neuen Bedrohungen gingen nicht nur von Konflikten zwischen den Staaten aus, sondern vielmehr von Konflikten innerhalb einzelner Staaten.[459] Unsere Welt ist heute keineswegs sicherer als zu den Zeiten des Kalten Krieges. Die neuen Bedrohungen, wie das Streben ethnischer Gruppen nach politischer Unabhängigkeit, Konflikte zwischen Gruppen mit unterschiedlichen kulturellen Werten und Religionen, Kriege wegen der Verknappung von lebenswichtigen Ressourcen, Unruhen ganzer Gesellschaften wegen Hunger und Elend nach Na-

---

458 Vgl. Hunter, E. Robert, The European Security and Defense Policy: NATO´s Companion-or Competitor?, Santa Monica, Californien 2002, S. 149.

459 Vgl. Presse- und Informationsamt der Bundesregierung, OSZE, S. 52f.

turkatastrophen, die Proliferation, der internationale Waffenhandel und der internationale Terrorismus, können die weltweite Sicherheit immer noch erheblich gefährden.[460] Die OSZE bleibt auch in den nächsten Jahren das einzige Instrument, das genau die Regionen umfasst, in denen heute einige der gefährlichsten Brandherde der Welt liegen. Gerade in Zentralasien hat die OSZE eine wichtige Funktion zu erfüllen. Allerdings ist in den letzten Jahren innerhalb der OSZE aufgrund von divergierenden Interessen der Teilnehmerstaaten eine sinkende Handlungsfähigkeit festzustellen. Gerade der Erfolg von Missionen hängt immer von der Kooperationsbereitschaft der betroffenen Staaten ab. Die Unterschiede und Gemeinsamkeiten der WEU, NATO, OSZE und ESVP sind abschließend in Abbildung 15 zusammengefasst.

Abbildung 15: Die WEU, NATO, OSZE, ESVP im Vergleich

	WEU	NATO	OSZE	ESVP
Gründung	1954 (48)	1949	1975	1999
Mitgliederzahl	10	28	56	27
Teilnahme	sub-regional	sub-regional	regional	sub-regional
Status	Verteidigungsbündnis	Verteidigungsbündnis	regionale Abmachung	Intergouvernementaler Zusammenschluss (2.Säule)
Zweck	kollektive Verteidigung	kollektive Verteidigung	kooperative Sicherheit	Abstimmung gemeinsamer Sicherheitspolitik und Verteidigunspolitik
Beschlussfassung	Konsens	Konsens	Konsens	Konsens
Friedenserhaltende Maßnahmen	im Auftrag von UNO und OSZE	im Auftrag von UNO und OSZE	autonom	autonom

Quelle: selbst aus dem Inhalt der Master-These erstellt.

Die Sicherheit und Stabilität dieses Raumes kann aber von einer Institution allein nicht garantiert werden. Dafür ist ein breit angelegter, kooperativer Ansatz der Sicherheitspolitik notwendig. Dieser muss politische, wirtschaftliche, soziale und umweltpolitische Aspekte mit

460 Vgl. Bundeszentrale für politische Bildung, Heft 274, S. 5f.

einschließen. In einem solchen Verbund sich gegenseitig unterstützender und verstärkender Institutionen werden die OSZE, ESVP und die NATO eine wichtige Rolle spielen. Erst in einer solchen kollektiven Sicherheitsordnung, wo politische Mittel eine größere Rolle spielen als militärische, kann ein stabiles Europa ohne neue Trennlinien entstehen.[461]

Ich komme nun aufgrund in der in meiner Arbeit dargelegten Fakten zu dem Ergebnis, dass weder die Neorealisten noch die Neofunktionalisten Recht behalten. Weder die neo-realistische Sicht, die von einem egoistischen Eigeninteresse der Mitgliedsstaaten ausging, noch die neofunktionalistische Sicht, die von einem gemeinsamen Sicherheitsinteresse aller Mitgliedsstaaten ausging, lässt sich weder vollständig beweisen noch vollständig entkräften. Sicherlich sind die neorealistischen Tendenzen nach dem Ende des Ost-West-Konflikts schwächer geworden, da sich die Staaten zu Kooperationen im Sicherheitsbereich bereit zeigten, aber dennoch nicht auf ihre außen- und sicherheitspolitischen Kompetenzen verzichteten. Die neofunktionalistischen Tendenzen sehe ich besonders nach dem Ende des Ost-West-Konflikts im Aufwind, da alle Staaten die Internationalen Organisationen zumindest als Verhandlungsplattform anerkannten. Sie sind sich alle bewusst, dass die sicherheitspolitischen Probleme in Europa und der Welt nicht mehr von einem einzigen Staat bewältigt werden können. Letztendlich hängt meiner Meinung nach der Erfolg der Sicherheitsorganisationen sehr stark von dem Willen ihrer Mitgliedssaaten ab. Dies lässt sich aber aufgrund ihrer rechtlichen Struktur nicht ändern. Die Kooperation zwischen den Organisationen ist notwendig, sie sollte aber nicht erst erfolgen, wenn die Lage nichts anderes zulässt. Vielmehr sollte schon frühzeitig bei jedem Projekt ein Austausch der Informationen stattfinden, damit eine gemeinsame Strategie gefunden werden kann. Leider scheint es mir so, dass das Thema Sicherheit in Europa noch nicht den Stellenwert besitzt, den es haben sollte. Dabei gilt es immer zu bedenken, dass eine Gesellschaft ohne Frieden nicht frei und glücklich lebt. Sie wird vielmehr zur Geißel des Krieges. Ich kann deshalb nur hoffen, dass sich Europa dieser Tatsache bewusst wird und im 21. Jahrhundert den neofunktionalistischen Weg gehen wird. Da wir in Europa alle die gleichen Sicherheitsinteressen haben, scheint mir die Aufwertung und die Zusammenarbeit der Sicherheitsorganisationen das einzige Mittel, um den Frieden in Europa auf Dauer garantieren zu können. Zur Bewältigung von

---

461 Vgl. Presse- und Informationsamt der Bundesregierung, Die neue NATO, S. 30f.

Krisen sollten meiner Meinung nach aber immer zuerst die diplomatischen und zivilen Mittel genutzt werden, bevor die EU militärisch aktiv wird. Das Ziel könnte dabei ein Europa des Dialoges und der Solidarität sein. Eine Entwicklung hin zum präventiven militärischen Vorgehen wie in der USA scheint mir in Europa nicht angebracht. Diese Strategie verschärft eher die Probleme und schafft keine Lösungen.

In einer Grußbotschaft an die Völker der Welt hat der ehemalige Generalsekretär der Vereinigten Nationen, Kofi A. Annan die Herausforderungen und Chancen des neuen Jahrtausends wie folgt beschrieben: *„Viele von uns haben guten Grund dankbar zu sein, wenn sie in das neue Jahrtausend eintreten. Im größten Teil der Welt herrscht Frieden. (...) Ein neues Jahrtausend bringt neue Hoffnungen, aber es kann auch neue Gefahren bringen oder alte in neuer, bedrohlicher Form wieder hoch kommen lassen. (...) Keiner kann mit Sicherheit sagen, wie ernst diese Gefahren sein werden. Aber diese Gefahren haben eines gemeinsam: Sie respektieren keine Staatsgrenzen. Selbst der stärkste Staat könnte auf sich allein gestellt seine Bürger nicht vor ihnen schützen. Mehr denn je in der Geschichte der Menschheit teilen wir das gleiche Schicksal. Wir können dieses Schicksal nur meistern, wenn wir ihm gemeinsam gegenübertreten. (...) Das neue Jahrtausend muss kein Zeitalter der Furcht oder der Sorge sein. Wenn wir zusammenarbeiten und auf unsere eigenen Fähigkeiten vertrauen, kann es ein Zeitalter der Hoffnungen und Chancen werden.“* [462]

---

462 Vgl. Presse- und Informationsamt der Bundesregierung, Deutschland und die Vereinten Nationen, Berlin 2000, S. 68f.

Literaturverzeichnis

Blanck, Kathrin, Die europäische Sicherheits- und Verteidigungspolitik im Rahmen der europäischen Sicherheitsarchitektur, Springer-Verlag, Wien 2005.

Bocquet-Brandeck, Müller Gisela, Europäische Außenpolitik, GASP- und ESVP-Konzeptionen ausgewählter EU-Mitgliedsstaaten, Nomos-Verlagsgesellschaft, Baden-Baden 2002.

Bundeszentrale für politische Bildung, Informationen zur politischen Bildung Heft 274, Internationale Beziehungen II: Frieden und Sicherheit zu Beginn des 21. Jahrhunderts, Bonn 2002.

Deutscher Bundestag, Wissenschaftliche Dienst, GASP, ESVP und ihre Instrumente-Ein Überblick, Nr. 2/07, Berlin, Januar 2007.

Ehrhart, Georg-Hans, Die Europäische Sicherheits- und Verteidigungspolitik: Positionen, Perzeptionen, Probleme, Perspektiven, Nomos-Verlagsgesellschaft, Baden-Baden 2002.

Ehrhart, Hans-Georg, Schmitt, Burkard, Die Sicherheitspolitik der EU im Werden: Bedrohungen, Aktivitäten, Fähigkeiten, Nomos-Verlagsgesellschaft, 1. Auflage, Baden-Baden 2004.

Georgantzis, Konstantinos, Die WEU als sicherheitspolitische Säule der EU und als europäischer Pfeiler der NATO, Universität der Bundeswehr, München 1998.

Gnesotto, Nicole, Die Sicherheits- und Verteidigungspolitik der EU: die ersten fünf Jahre (1999 - 2004), Inst. für Sicherheitsstudien der Europäischen Union, Paris 2004.

Haftendorn, Helga, Kooperation jenseits von Hegemonie und Bedrohung.: Sicherheitsinstitutionen in den internationalen Beziehungen, Nomos Verlagsgesellschaft, Baden-Baden 1997.

Hars, Henning, NATO zwischen 11.September und Prager Gipfel, Edition Temmen, Bremen 2002.

Hauser, Gunther, Das europäische Sicherheits- und Verteidigungssystem und seine Akteure, BMLV, Landesverteidigungsakademie, Wien 2006.

Heinze, Frank, Die Vereinten Nationen im Politikfeld internationaler Sicherheit: Wirkungsmöglichkeiten, Grenzen, Reorganisationsprämissen, Haag + Herchen, Frankfurt am Main 1993.

Hochleitner, Erich P., (Hrsg.), Das europäische Sicherheitssystem zu Beginn des 21. Jahrhunderts, Wien: Böhlau 2000.

Holtmann, Everhard (Hrsg.): Politik-Lexikon: München, Wien: Oldenbourg 2000.

Hunter, E. Robert, Tge European Security ans Defense Policy: NATO`s Compansion - or Competitor?, Rand Verlag, Santa Monica, Californien 2002.

Klein, Paul, Zimmermann, P. Rolf, Aspekte der Osterweiterung der NATO, Nomos Verlagsgesellschaft, Baden-Baden 1999.

Kuentzel, Matthias, Der Weg in den Krieg: Deutschland, die Nato und das Kosovo, Elefanten-Press, Berlin 2000.

Leue, Michael, Die Organisation für Sicherheit und Zusammenarbeit in Europa und ihre Instrumente zur friedlichen Streitbeilegung, Lang Verlag, Frankfurt am Main 1999.

Perthes, Volker, Mair, Stefan, Europäische Außen- und Sicherheitspolitik: Aufgaben und Chancen der deutschen Ratspräsidentschaft, SWP, Berlin, September 2006.

Petersohn, Ulrich, Lang, Sibylle, Die Zukunft der ESVP nach den gescheiterten Referenden, Stiftung Wissenschaft und Politik Aktuell 34, Berlin August 2005.

Pinka, Daniel, NATO und EU: gemeinsames Krisenmanagement, Wien 2005.

Presse- und Informationsdienst der Bundesregierung, Deutschland und die Vereinten Nationen, Berlin 2000.

Presse- und Informationsamt der Bundesregierung, Die Neue NATO, Berlin 1999.

Presse- und Informationsamt der Bundesregierung, OSZE, Berlin 1999.

Rittberger, Volker, Zangl, Bernhard, Internationale Organisationen-Politik und Geschichte, Leske + Budrich, Opladen 2003.

Timmermann, Heiner, Pradetto, August (Hrsg.), Die NATO auf dem Weg ins 21.Jahrhundert, LIT Verlag, Münster 2002.

Tudyka, Kurt P.: Das OSZE- Handbuch: Die Organisation für Sicherheit und Zusammenarbeit von Vancouver bis Wladiwostok, Leske + Budrich 2002.

Varwick, Johannes/ Woyke, Wichard: Die Zukunft der NATO: Transatlantische Sicherheit im Wandel, Leske + Budrich 2000.

Vertretung der Europäischen Kommission in der Bundesrepublik Deutschland, EU-Nachrichten, Themenheft Nr. 2, Die Gemeinsame Außen- und Sicherheitspolitik der Europäischen Union, Berlin 2002.

Volle, Angelika, Weidenfeld, Werner (Hrsg.), Europäische Sicherheitspolitik in der Bewährung, W. Bertelsmann Verlag , Bielefeld 2000.

Walser-Meier, C. Reinhard, Die Zukunft der NATO, Hans-Seidel-Stiftung, München 2002.

Warnken, Monja, Der Handlungsrahmen der Europäischen Union im Bereich der Sicherheits- und Verteidigungspolitik, Nomos Verlagsgesellschaft, Baden-Baden 2002.

Weber, Bernd: Sicherheitsorganisationen: UNO, OSZE/KSE, NATO, EU, WEU; IAP-Dienst, Bielefeld 2000.

Wenig, Marcus, Möglichkeiten und Grenzen der Streitbeilegung ethnischer Konflikte durch die OSZE: dargestellt am Konflikt im ehemaligen Jugoslawien, Duncker&Humblot, Berlin 1996.

WEU Secretariat General, WEU Today, Brüssel, Januar 2000.

Wogau, von Karl, Auf dem Weg zur Europäischen Verteidigung: Gemeinsam sind wir sicher, Herder Verlag, Freiburg 2003.

Woyke, Wichard: Handwörterbuch Internationale Politik, BPB, Bonn 2000.

Internet:

http://de.wikipedia.org/wiki/bild:Saeulenmodell_EU.png vom 11.06.2007.

http://www.europa-reden.de/info/esvp.htm vom 09.06.2007.

http://www.nato.int/icons/map/b-map.jpg vom 08.06.2007.

http://www.nato.int/icons/map/b-worldmap.jpg vom 08.06.2007.

http://www.nato.int/docu/handbook/2001/hb070101.htm vom 08.06.2007.

http://www.nato.int/cps/en/natolive/nato_countries.htm vom 30.10.2009.

http://www.osce.org/about/13131.html vom 11.06.2007.

http:// www.osce.org/documents/sg/2004/03/4108_en.pdf vom 11.06.2007.

http://www.osce.org/fom vom 11.06.2007.

http://www.uni-kassel.de/fb10/frieden/themen/Europa/strategie.html vom 09.06.2007.

http://de.wikipedia.org/wiki/Bild:OSZEMitgliedsstaaten.png vom 11.06.2007.

Zeitfracht Medien GmbH
Ferdinand-Jühlke-Straße 7
99095 Erfurt, Deutschland
produktsicherheit@kolibri360.de